W0083940

dtv

Fabrice Midal

Der Alltags-Chillosoph

40 kluge Pausen

*Aus dem Französischen
von Elisabeth Liebl*

Ausführliche Informationen über
unsere Autorinnen und Autoren und ihre Bücher
finden Sie unter www.dtv.de

Dieses Buch ist auch als eBook erhältlich

Bei dtv ist von Fabrice Midal lieferbar:
Die innere Ruhe kann mich mal
Liebe dich selbst und die anderen werden dich gernhaben

dtv Verlagsgesellschaft mbH & Co. KG, München
© 2020 Flammarion/Versilio
Titel der französischen Originalausgabe:
3 minutes de philosophie pour redevenir humain
Deutschsprachige Ausgabe:
© 2021 dtv Verlagsgesellschaft mbH & Co. KG, München
Das Werk ist urheberrechtlich geschützt.
Sämtliche, auch auszugsweise Verwertungen bleiben vorbehalten.
Satz: Uhl + Massopoust, Aalen
Gesetzt aus der Century Schoolbook
Druck und Bindung: CPI books GmbH, Leck
Printed in Germany · ISBN 978-3-423-28261-1

Inhalt

»Ich bleibe mir stets selbst gleich: Das ist so wahr, dass diejenigen meiner Anhänger, die unter der lächerlichen Maske der Weisheit sich ›Weise‹ titulieren, mich dennoch nicht verleugnen können; die gleichen Affen, die sich mit Purpur umkleidet haben, Eseln, die das Fell eines Löwen tragen.«
Erasmus von Rotterdam **45**

»Man geht nie weiter, als wenn man nicht mehr weiß, wohin man geht.«
Johann Wolfgang von Goethe **51**

»Der Kampf ist aller Dinge Vater.«
Heraklit **57**

»Der Mensch ist zwar unheilig genug, aber die Menschheit in seiner Person muss ihm heilig sein.«
Immanuel Kant **63**

»Ethik ist Wagnis, das äußerste Wagestück des Narzissmus.«
Lou Andreas-Salomé **67**

»Vielleicht sind alle Drachen unseres Lebens Prinzessinnen, die nur darauf warten, uns einmal schön und mutig zu sehen.«
Rainer Maria Rilke **73**

»Es existiert auf Erden nichts, das unsere
herablassenden Blicke verdient hätte.«
Olga Sedakova **77**

»Farbe berührt das sinnliche Innere des
Menschen.«
Henri Matisse **81**

»Seid menschlich, wenn ihr originell sein wollt;
das ist heute wirklich niemand mehr.«
Max Jacob **85**

»Mit deinen Fehlern – keine Hast. Mach
dich nicht leichtsinnigerweise daran, sie zu
korrigieren. Was würdest du an ihre Stelle
setzen?«
Henri Michaux **89**

»Manches muss schwer bleiben. Und die
Seelenbehandler wollen alles leicht machen.«
Nelly Sachs **93**

»Je versucht. Je gescheitert.
Was soll's. Versuch es wieder.
Scheitere wieder. Scheitere besser.«
Samuel Beckett **97**

»Die Intelligenz ist durch ein natürliches
Unverständnis für das Leben charakterisiert.«
Henri Bergson **103**

»Wenn der Mensch zu seinem eigentlichen
Wesen finden will, darf er nicht versuchen,
die Ambivalenz seines Seins aufzuheben,
sondern muss im Gegenteil bereit sein, sie zu
verwirklichen.«
Simone de Beauvoir 107

»Kaffee gibt dir, hast du ihn ausgetrunken, noch
ein wenig Zeit zum Nachdenken.«
Gertrude Stein 111

»Es ist unmöglich, die Vergangenheit
zu verstehen, ohne sich mit der Gegenwart
zu beschäftigen.«
Marc Bloch 115

»Man soll niemandes Sensibilität verachten.
Eines jeden Sensibilität ist sein Genie.«
Charles Baudelaire 121

»Ich staune über die Existenz der Welt.«
Ludwig Wittgenstein 127

»Von der Erde aus ist die Kunst der erste
Millimeter der darüber befindlichen Luft.«
Marina Zwetajewa 133

»Trage Sorge für dich selbst.«
Sokrates 139

»Milde Gaben verletzen den, der sie empfängt.«
Marcel Mauss **181**

»Man muss nur in Spanien sein, um jede Lust
zu verlieren, spanische Schlösser zu bauen.«
Madame de Sévigné **187**

»Dummheit besteht darin, alles unter
Dach und Fach bringen zu wollen.«
Gustave Flaubert **191**

»Das Selbstvergessen wäre der
Charakter der Wirklichkeit.«
Johann Gottlieb Fichte **197**

»Nur derjenige, der in die Unterwelt hinabsteigt,
erlöst die Geliebte.«
Søren Kierkegaard **203**

»Beweise strapazieren die Wahrheit nur.«
Georges Braque **207**

»Von diesem Rauch dort und der
Brandungswelle dränge hinweg das Schiff.«
Aristoteles **213**

»Die Liebe stirbt nie eines natürlichen Todes.
Sie stirbt, weil wir es nicht verstehen, ihre
Quelle zu speisen.«
Anaïs Nin **219**

Die Philosophie bringt unsere Gewissheiten ins Wanken. Sie lässt uns nicht einfach in Ruhe. Sie rüttelt uns wach und steckt uns ein Licht auf. Aus ebendiesem Grunde ist sie so unentbehrlich.

Umso mehr, als sie heute ein Gegengewicht zum sich immer stärker ausbreitenden Dogmatismus ist. Zum Expertenwissen. Zur Meinung der Besserwisser und Allesversteher, die uns ständig ihre angebliche Überlegenheit beweisen wollen.

Sokrates, der Vater aller Philosophen, unterstreicht dagegen immer wieder, dass er kein Experte ist. Er macht sich auf in die Öffentlichkeit der Straßen und Plätze und stellt aller Welt Fragen, über ihr Leben, ihre Arbeit, ihre Vorlieben… Er hält uns keine Vorträge. Er sagt vielmehr, dass er nichts weiß, dass er kein »Weiser« ist, denn diese Eigenschaft komme nur den Göttern zu, so sie denn existieren. Wir sind keine Götter, daher hat es keinen Zweck, dies anzustreben. Bleiben wir doch lieber Menschen. Davon profitieren wir in jedem Fall mehr.

Weil die Philosophie das weiß, lädt sie uns nicht etwa dazu ein, »weise« zu werden, zu Göttern, zu vollkommenen Geschöpfen. Nein, sie lehrt uns, Frieden zu schließen mit unserem Dasein als Menschen.

Das ist auch der Grund, warum Sokrates den Mut hat, Fragen zu stellen und anzuzweifeln, was uns auf den ersten Blick unstreitig und selbstverständlich erscheint.

Manchen Menschen geht so etwas auf die Nerven. Andere jedoch finden das großartig, ja befreiend, und das schon seit Jahrhunderten. Endlich jemand, der uns hilft, klarer zu sehen. Zutrauen zu fassen zu unserer eigenen Fähigkeit zu fühlen, zu begehren, zu denken und zu lieben. Denn genau das lehrt uns die Philosophie: Unsere eigene Erfahrung ist es tatsächlich wert, erforscht zu werden.

Die Experten wollen, dass man ihnen zuhört und ihre Ratschläge befolgt. Die Philosophen aber laden uns ein, selbst zu denken.

Seit einigen Jahren bemühe ich mich zu verstehen, welche neuen Formen alltäglicher Gewalt uns niederringen, uns von unserer kostbaren menschlichen Erfahrung abbringen wollen, von unseren Plänen, unseren Überzeugungen und Bestrebungen.

Ob Sie nun Krankenpfleger sind, Ärztin, Bäcker, Anwältin, Sozialarbeiter oder was auch immer, vielleicht haben Sie ja wie ich das Gefühl, dass man uns häufig völlig sinnlose Dinge abverlangt, sei es nun aus gesellschaftlichen, politischen oder wirtschaftlichen Gründen. Schnell fühlen wir uns schuldig, weil wir angeblich nicht genug tun. Mitunter gefährden wir deshalb sogar unser eigenes Leben, zum Beispiel indem wir durch einen Burnout quasi innerlich ausbluten.

Hier kann die Philosophie uns beispringen, denn sie verlangt von uns nicht, dass wir noch mehr hinnehmen, noch perfekter werden, wie eine Art Roboter oder ein Algorithmus, und dadurch Gewalt und Barbarei fördern.

Aus diesem Grund lade ich Sie zu einer dreiminütigen Erfahrung ein: Lesen Sie eines der Kapitel in diesem Buch. Lassen Sie sich ein auf Ihre Menschlichkeit. Befreien Sie sich von der unmenschlichen Diktatur der Rentabilität, die alles – Frauen, Männer, Bäume, Flüsse – zum Rohstoff macht, den man ausbeuten kann. Das ist eben das Außergewöhnliche an der Philosophie, dass sie sich an den Menschen wendet, der wir sind. Dass sie uns mitten hineinführt in unterschiedlichste Situationen, zum Beispiel, wenn ein Kollege uns das Leben schwermacht. Oder wenn der Kühlschrank leer ist und die Kinder unerwartet Freunde zum Abendessen mitbringen … Die Philosophie ist konkret in einer Welt, die sich mehr und mehr im Abstrakten verliert.

Ich habe mich in diesem Buch für Zitate entschieden, die dem sokratischen Geist entsprechen.

Die hier versammelten Autoren verlassen die ein-
gefahrenen Gleise, auf die man die Philosophie
manchmal beschränkt. Denn die Philosophie ist
eben nicht nur dort zu finden, wo man sie erwartet. Gerade deshalb ist sie so wichtig und so wohl-
tuend für uns.

Mensch sein heißt im Grunde,
nicht nach Perfektion
zu streben.

GEORGE ORWELL

Einfach Mensch sein

Orwell sagt uns hier nicht bloß, dass Perfektion nicht von dieser Welt ist. Er fordert uns vielmehr dazu auf, zu erkennen, dass das Streben nach Perfektion gleichbedeutend damit ist, dem eigenen Menschsein den Rücken zuzukehren.

Das ist eine befremdliche Aussage. Denn schließlich hält uns eine allgemeine Geisteshaltung seit Jahrhunderten dazu an, nach Perfektion zu streben … einer Perfektion, die mit einer Art Loslösung beziehungsweise einer Herrschaft der Vernunft über unser gesamtes Sein gleichgesetzt wird.

Und plötzlich bedauern wir, dass wir nicht ein bisschen vollkommener sind! Wir glauben, wir wären glücklicher, wenn wir dies schafften.

Da aber liegen wir falsch.

Sie haben sich beim Abendessen Ihrem Schwager gegenüber ein bisschen zu aggressiv verhalten

Sie sehen ein, dass Sie unangemessene, ja rüde Worte gebraucht haben, und das einem Menschen gegenüber, den Sie eigentlich schätzen.

Zum Beispiel beim letzten Essen mit der Familie, als Sie ihn mehr oder weniger verbal abgekanzelt haben. Tatsächlich waren Sie verletzt, weil er Ihre politischen Ansichten nicht geteilt hat.

Mittlerweile tut es Ihnen leid.

Wunderbar! Sie sind nämlich gerade dabei, mit den Tiefen Ihres Seins in Kontakt zu treten.

Statt sich ständig Vorwürfe zu machen, dass Sie nicht Ihren Vorstellungen von Perfektion entsprechen, also nicht jederzeit gerecht und rational handeln, begegnen Sie voller Ehrlichkeit den Abgründen Ihres Herzens. Und das erlaubt Ihnen, sich selbst gegenüber echte Milde walten zu lassen.

Ja, Sie sind mitunter ungeschickt, verhalten sich manchmal auch unangemessen und zuweilen sogar ein bisschen idiotisch.

Wissen Sie, was große Schriftsteller auszeichnet?

Es ist ihre Fähigkeit, uns vor Augen zu führen, dass jeder von uns auch mittelmäßig und kleinlich sein kann. Das macht das eigentliche Genie eines Dostojewski oder Proust aus. Sie offenbaren uns die Irrungen und Wirrungen unserer Lügen, unserer Feigheit, unserer Missgunst…

Sie tun das nicht aus Grausamkeit oder Verzweiflung, sondern um zu begreifen, wie es tief in unserem Inneren tatsächlich aussieht. Und für uns hat es eine befreiende Wirkung, wenn wir letztlich einen Blick auf die Komplexität, aber auch auf die Schönheit unseres Lebens werfen können.

Schlechte Schriftsteller bleiben immer an der Oberfläche der Gefühle. Manchmal ersticken sie uns förmlich mit ihren verlogenen Glücksversprechen.

Anders als man gemeinhin glauben mag, bewegt Erstere eine grenzenlose Zärtlichkeit, die es ihnen ermöglicht, den Menschen in all seinen Facetten zu betrachten, zu denen Letztere schlicht keinen Zugang finden. Im Grunde haben sie Angst. Angst vor dem wahren Leben. Angst vor ihrem eigenen Herzen.

Meditation über eine japanische Schale mit einem kleinen Sprung

Wie aber können wir mit unseren Unvollkommenheiten Frieden schließen?

Denken Sie einfach an einen Menschen, den Sie lieben. An seine Fehler. An seine Verletzungen.

Und betrachten Sie diese nicht als etwas, was das Leben dieses Menschen irgendwie beeinträchtigt, sondern vielmehr als Ausdruck seiner individuellen Schönheit.

Eine kleine Hilfestellung: Führen Sie sich kurz die großen japanischen Meister der Keramik vor Augen. Sobald sie eine Schale fertiggestellt haben, fügen sie ihr eine winzige Unvollkommenheit zu.

Nicht um sie zu verschmutzen oder zu beschädigen, sondern um ihre Zerbrechlichkeit und Bescheidenheit zu unterstreichen.

Wenn wir uns unsere Unvollkommenheit bewusst machen, sind wir toleranter und begegnen auch unseren Mitmenschen achtsamer.

Mitten im Winter erfuhr
ich endlich, dass in mir
ein unvergänglicher,
unbesiegbarer Sommer ist.

ALBERT CAMUS

Nicht alles relativieren

Für gewöhnlich glauben wir, dass der Sommer auf den Winter folgt, die Freude auf den Schmerz, das schöne Wetter auf den Regen. Wenn Sie unglücklich sind: Kopf hoch! Eines Tages wird es Ihnen wieder besser gehen.

Das jedenfalls sagt uns der gesunde Menschenverstand.

Im Grunde sollen wir lernen, alles zu relativieren. Aus meiner Sicht ist das aber ziemlich unbefriedigend.

Camus' Blick auf die Dinge eröffnet uns eine völlig andere Perspektive: Sie lässt uns erkennen, dass mitten im Winter, inmitten all dessen, was scheinbar vereist und leblos ist, sich die Rückkehr des Sommers ankündigt.

Wir hören nur selten etwas über die Erkenntnis, dass Ereignisse nicht an sich gut oder schlecht sind, sondern dass sie in jedem einzelnen Moment unseres Lebens eine tiefere Dimension aufweisen. Eben davon erzählt die große Literatur.

Sie haben einen geliebten Menschen verloren

Diese Erfahrung habe ich gemacht, als meine Oma starb, die ich zutiefst geliebt habe. Sie war damals schon eine alte Dame. Jeder wusste, dass es auf das Ende zuging, und eines Morgens rief meine Tante mich an, um mir Bescheid zu geben. Großmutter durchlebte ihre letzten Stunden.

Ich komme ins Krankenhaus, die Familie ist schon versammelt. Alle stehen im Flur und sprechen mit gedämpfter Stimme. Die Situation ist bedrückend. Wann immer jemand aus der Familie Omas Zimmer betritt, geschieht das auf leisen Sohlen. Und wenn er wieder herauskommt, wirkt er niedergeschlagen.

Als ich ihr Zimmer betrete, bin ich angespannt.

Ich nehme mir Zeit, um mich zu ihr zu setzen und bei ihr zu bleiben.

Zu meiner großen Überraschung spüre ich vor allem die Güte meiner Großmutter, die mich durch meine gesamte Kindheit begleitet hat.

Ich bin den ganzen Tag lang in ihrem Zimmer geblieben, das von einem tiefen, ergreifenden Frieden erfüllt war. Und ich hatte das Gefühl, sie in der schweren Prüfung, die sie durchlebte, zu unterstützen.

Natürlich war ich traurig, dass meine Großmutter im Sterben lag. Aber ich nahm inmitten dieses Winters die Schönheit der Liebe wahr, die sie mir stets bezeigt hatte. Und diese Liebe schien mir besonders intensiv spürbar zu sein.

Dieser Augenblick war einer der wichtigsten in meinem Leben. Er schenkte mir eine Kraft und eine Zuversicht, die mich bis heute begleiten.

Meditation für eine Begegnung mit dem inneren Freund

Wie aber lässt sich solch eine Erkenntnis im Alltag gewinnen? Es geht ja schließlich nicht nur um einen Sonnenstrahl mitten im Winter. Wir wollen vielmehr einen unbezwingbaren Sommer finden, der uns nie wieder verlässt. Einen Sommer, der immer in uns vorhanden ist, ohne den Winter zu überdecken oder zu vertreiben.

Er lebt in uns wie ein teurer Freund. Ein Freund, den wir vergessen, dem wir vor langer Zeit die Tür verschlossen haben. Dieser vergessene Freund wohnt in uns, in unserem gesamten Sein, unserem Herzen, unserer Brust, ja in jeder Zelle unseres Körpers. Er existiert in der Erinnerung an all das, was wir im Leben gelernt haben. Er ist die Liebe, die wir unserer Großmutter geschenkt haben oder einem anderen Menschen.

Und diesem vergessenen Freund können Sie nun die Hand geben: »Ich wende mich dir zu, dem Menschen, den ich so vernachlässigt habe. Du bist mein wichtigster Verbündeter. Ich möchte einen Bund der Freundschaft, des Friedens und des Vertrauens mit dir schließen.« Ich vertraue mich dir rückhaltlos an. Ich besinne mich auf diesen Teil meiner selbst, der größer ist als ich.

Es wird Zeit,
dass der Stein sich endlich
zu blühen bequemt.

PAUL CELAN

Sich öffnen

Wie kann das, was verschlossen ist, sich öffnen?

Wie kann das, was tot scheint, lebendig werden?

Nun, das zu entdecken ist die Einladung, die uns Paul Celan übermittelt, einer der berauschendsten Dichter des 20. Jahrhunderts.

Sein Versprechen wirkt erstaunlich, aber kaum realisierbar.

Stellen Sie sich nur mal einen Stein vor. Er ist massiv, unbeweglich. Er ist durch und durch unfähig, Blüten hervorzubringen.

Haben wir es hier nicht eindeutig mit jener Form von Poesie zu tun, die zwar von schönen Dingen zu reden weiß, aber abseits jeder Wirklichkeit ist?

Hoppla, nicht so voreilig. Paul Celan zeigt uns eine Erfahrung auf, die so tiefgründig ist, dass sie ein wenig Aufmerksamkeit von uns verlangt.

Sie können nicht einschlafen

Um die Erfahrung besser zu verstehen, lassen Sie uns an den Schlaf denken.

Haben Sie es schon einmal erlebt, dass Sie nicht einschlafen konnten? Sind Sie auch schon hin und wieder nachts wach gelegen? Wenn Sie diese Erfahrung kennen, dann wissen Sie, dass das Einschlafen-*Wollen* nicht ausreicht. Ganz im Gegenteil, je mehr Sie sich wünschen, endlich einzuschlafen, umso weniger gelingt es Ihnen.

Sie haben das Gefühl, wie ein Stein zu sein, der einfach nicht zu blühen vermag.

Damit der Schlaf sich endlich einstellt, müssen Sie sich Ihrem Körper anvertrauen. Er möchte ja nichts anderes als schlafen. Ihr starker Wille ist es, der ihn daran hindert.

Das ist der entscheidende Punkt!

Wir aber glauben fälschlicherweise, dass es noch mehr Willenskraft braucht!

Wenn wir Angst empfinden, glauben wir, dagegen ankämpfen zu müssen.

Wenn wir eine wie auch immer geartete Sucht haben, dann müssten wir uns doch eigentlich nur zusammenreißen, um sie zu überwinden.

Und wenn wir unter Aufschieberitis leiden, denken wir ebenfalls, wir hätten einfach nicht genug Willenskraft.

All das ist schlichtweg falsch.

Und weil Paul Celan das weiß, lädt er uns ein, uns dem Leben *anzuvertrauen*, das im Stein unserer Schmerzen ruht, wenn auch auf unsichtbare, verborgene Weise.

Diese Erkenntnis lässt sich auf viele andere Lebensbereiche übertragen.

Cézanne hat lange Zeit sehr dunkle Bilder mit

derbem Pinselstrich gemalt. Später nannte er diese Zeit seine »grobe Periode«.

Und dann, eines Tages, fing der Stein zu blühen an.

Niemand vermag zu sagen warum. Cézanne hat sich einfach seiner Malerei überlassen.

Es wird Zeit, dass der Stein das Unmögliche vollbringt. Es wird Zeit, dass das Leben dorthin zurückkehrt, wo es erstarrt war. Es wird Zeit, dass das, was blockiert ist, sich endlich befreien kann. Das erfordert vor allem Geduld und Vertrauen.

Meditation über das Vertrauen

Möchten Sie es ebenfalls ausprobieren?

Es ist ganz einfach. Gestehen Sie es sich einen Augenblick lang zu, nichts zu wissen, nichts zu entscheiden. Seien Sie bereit, genau dort zu sein, wo Sie gerade sind.

Heutzutage versäumen wir es häufig, etwas zuzulassen. Etwas zulassen bedeutet, dass wir das Leben einfach machen lassen, es kommen lassen – als hätten wir uns in den Finger geschnitten und müssten uns nun bloß gedulden, bis die Wunde verheilt. Das ist wahres Vertrauen. Anfangs erscheint uns dieses Verhalten möglicherweise absurd.

Aber wir müssen diese Bedenken überwinden,

um die Trumpfkarte zu entdecken, mit deren Hilfe wir uns vollständig auf etwas einlassen können, dessen wir uns nicht sicher sind. Wenn wir auf das vertrauen, was ein anderer uns sagt, dann eben deswegen, weil wir uns dessen nicht sicher sein können.

Und genau darin liegt die Schönheit des Lebens.

Wir sollten uns an den
Kindern ein Beispiel nehmen,
nicht an den Weisen.

EMIL CIORAN

Sich von der Vorstellung verabschieden, weise zu sein

Weise zu sein heißt, so denken wir, sich selbst beherrschen zu können, sich nie zu etwas hinreißen zu lassen.

Diese Vorstellung stammt zum großen Teil von den Stoikern, vor allem von Epiktet, der zur Verkörperung dieses Ideals geworden ist. Eine berühmte Anekdote über ihn veranschaulicht seine Haltung. Als Epiktet noch ein Sklave war, fing sein Herr einmal an, ihm sein verletztes Bein zu verdrehen.

Epiktet sagte zu ihm: »Wenn Ihr so weitermacht, wird es brechen.«

Der Herr aber ließ sich nicht davon abbringen. Und als der Knochen tatsächlich brach, merkte Epiktet, statt vor Schmerz aufzuschreien, einfach nur an: »Ich habe es Euch ja gleich gesagt.« Er blieb gelassen, stoisch, gefasst.

Nun, ich persönlich halte rein gar nichts von dieser vergifteten Weisheit. Es ist an der Zeit, uns von ihr zu befreien!

Epiktet hätte besser daran getan, laut zu brüllen. Dann wäre sein Bein heil geblieben. Sein Schreien hätte den Idioten davon abgehalten, ihm den Knochen zu brechen.

Ihr Nachbar hat im Lotto gewonnen und Sie sind neidisch auf ihn

Stellen Sie sich vor, Ihr Nachbar erzählt Ihnen, er habe einen Haufen Geld im Lotto gewonnen. Oder Sie erfahren von Ihrem Arbeitskollegen, dass man ihn gerade auf die Stelle befördert hat, die Sie sich erhofft hatten.

Sie spüren, wie der Neid in Ihnen aufkeimt.

Und schämen sich dafür. Sie glauben, Sie müssten vollkommen gelassen bleiben!

Falsch.

Wenn Sie keinen Neid empfinden, sind Sie kein Weiser, sondern ein Psychopath.

Wir liegen vollkommen falsch, wenn wir meinen, diese oder jene Emotion zu haben sei ein Fehler, ja eine moralische Verfehlung.

Emotionen kommen und gehen. Keine Emotion ist an sich falsch. Was zählt ist, was wir daraus machen!

Deshalb hat Cioran recht: »Wir sollten uns an den Kindern ein Beispiel nehmen, nicht an den Weisen.«

Denn was macht das Kind? Es hat eine direkte und unmittelbare Verbindung zu allem, was es erlebt. Es zensiert seine Emotionen und seinen Kummer nicht. Es bringt sie zum Ausdruck und geht dann zu etwas anderem über.

Wenn Sie inneren Frieden finden wollen, sollten Sie sich gegenüber dem, was Sie empfinden, nicht verschließen, sondern es genauer untersuchen.

Meditation darüber, wie wir eine Verbindung zu unseren Emotionen herstellen können

Machen wir eine kleine Übung in zwei Schritten.

Zunächst einmal stellen Sie eine Verbindung zu Ihrem emotionalen Befinden her. Ohne dabei etwas zu analysieren. Versuchen Sie einfach nur, hier und jetzt zu spüren, was Sie empfinden. Sind Sie entspannt oder gestresst, fröhlich oder traurig? Nehmen Sie Ihr Gefühl wahr, wie auch immer es aussehen mag.

Und nun versuchen Sie herauszufinden, mit welcher Geste Sie diesem Gefühl Ausdruck verleihen könnten.

Es ist hilfreich, in diesem Zusammenhang an ein Kind zu denken. Freut es sich, fällt es Ihnen um den Hals. Ist es traurig, sucht es Zuflucht in Ihren Armen. Ist es wütend, stampft es mit dem Fuß auf.

So extrem müssen Sie sich natürlich nicht verhalten. Vielleicht genügt ja eine Bewegung mit der Hand oder dem Arm.

Erlauben Sie sich auf diese Weise, Ihre Empfindung intensiver und in ihrer ganzen Bandbreite zu erleben. Ihr Ausdruck zu verleihen. Sie werden sehen, das tut unheimlich gut! Es befreit Sie förmlich. Sie werden feststellen, dass Sie, um glücklich zu sein, nicht stoisch und beherrscht sein müssen. Sie müssen sich nicht von Ihrem Herzen abkapseln.

Wasser wird vom Durst gelehrt.

EMILY DICKINSON

Wissen allein genügt nicht

Durch das Ansammeln von Wissen können wir viel über das Wasser lernen, doch das Wesentliche bleibt uns verborgen.

Das Wesentliche können wir nur durch Erfahrung lernen.

Gut, vielleicht nicht in jedem Fall.

Denn auch die Erfahrung kann uns täuschen. Wir spüren, dass jemand lügt. Wir sind davon überzeugt. Und doch können wir uns täuschen. Wir werden so häufig Opfer unserer Vorurteile, was ja jede Form von Rassismus belegt.

Haben Sie sich schon einmal etwas sehnsüchtig gewünscht?

Aber wie gehen wir in einem solchen Fall vor?

Hören wir, was die Dichterin uns zu sagen hat. Sie zeigt uns, dass wir das Wasser nicht allein durch das Eintauchen der Hände kennenlernen, sondern vielmehr durch den Durst.

Haben Sie sich schon mal etwas sehnsüchtig gewünscht? Nun, dann wissen Sie ja, wie das ist!

Die Intensität unseres Wunsches bringt uns dazu, uns für das, was wir erreichen wollen, ganz zu öffnen.

In diesem Sinne ist der Wunsch ein großer Lehrmeister.

Leider gaukelt uns die heutige Werbung vor, dass wir das, was wir uns wünschen, haben müssen, um glücklich zu sein. Dass wir alle Erfahrungen machen müssen, von denen wir träumen. Aber das stimmt nicht. Im Gegenteil. Es macht uns unglücklich.

Unser Wunsch kann sich nicht mehr frei entfalten.

Wir täuschen uns über das hinweg, was er uns lehren kann.

Emily Dickinson lebte gegen Ende des 19. Jahrhunderts in Massachusetts. Obwohl sie nie das Haus verließ, hinterließ sie eines der bedeutendsten Werke der Lyrik überhaupt. Darin fand sie zurück zur vergessenen Intuition der großen griechischen Philosophie.

Eros – das Begehren – ist der Sohn von Penia, der Armut, und Poros, der Fülle.

Mütterlicherseits ist Eros sehr dünn, trägt keine Schuhe und schläft unter freiem Himmel.

Die Abstammung von seinem Vater aber lasst ihn beharrlich und interessiert nach dem Schönen und Guten suchen.

Welch geistreiche Erklärung der Natur des Begehrens: Begehren heißt zu erkennen, was uns am meisten fehlt, und uns dann auf die Suche danach zu machen.

Für Platon ist genau dies die Definition der Philosophie: nicht das Streben nach der flachen Weisheit, die man uns kiloweise verkaufen will. Es geht vielmehr darum, sich vom glühenden Verlangen erfassen zu lassen. Und sich in Bewegung zu setzen.

Meditation darüber, wie wir unsere wahre Leidenschaft erkennen

Wie aber können wir dieses Begehren entdecken, das uns erweckt und uns lehrt, was wir im tiefsten Inneren brauchen?

Die Schwierigkeit dabei ist, dass wir alle dazu neigen, uns etwas vorzustellen oder auszudenken. Doch das sollten wir gerade nicht tun.

Wir sollten uns dagegen die Zeit nehmen, herauszufinden, was uns reizt, wozu es uns drängt. Uns fragen: Wonach dürstet es mich? Was fehlt mir so sehr, dass ich den Mangel in mir brennen fühle, was lässt mich vollkommen ich selbst sein?

Unser wahres Sehnen kommt aus dem Bauch heraus, aus unserem tiefsten Inneren. Wir sollten daher lernen, diesen inneren Ruf wahrzunehmen.

Es verblüfft mich immer wieder, dass die meisten gesellschaftlichen, politischen und religiösen

Diskurse uns dazu anhalten, dieses Brennen in uns zu ersticken. So sollen wir ruhiggestellt, leistungswillig und gefügig gemacht werden ... Das ist schrecklich! Denn es ist gerade dieses philosophische Feuer, das uns lebendig macht. Nur dieses öffnet uns alle Türen. Und Fenster.

Ohne dieses Lodern kann nichts wirklich Großes entstehen!

Ich bleibe mir stets selbst
gleich: Das ist so wahr, dass
diejenigen meiner Anhänger,
die unter der lächerlichen
Maske der Weisheit sich
»Weise« titulieren, mich
dennoch nicht verleugnen
können; die gleichen Affen,
die sich mit Purpur umkleidet
haben, Eseln, die das Fell
eines Löwen tragen.

ERASMUS VON ROTTERDAM

Wie gelingt es uns, authentisch zu sein?

Auf der Bühne des Lebens spielt jeder verschiedene Rollen. Es gehört zum guten Ton, dies zu kritisieren, und zwar im Namen der Notwendigkeit, authentisch zu sein.

Aber glücklicherweise verhalten wir uns unserer alten Mutter gegenüber anders, als wir es unserem Arbeitgeber oder unserem dreijährigen Sohn gegenüber tun.

Die Authentizität hat nur dann eine Bedeutung, wenn sie sich an all die gesellschaftlichen Umgangsformen anlehnt, die wir erlernen und meistern müssen.

Allerdings kommt es zu Problemen, wenn wir unsere Rollen übermäßig ernst nehmen und sie unnachgiebig verfechten, damit andere sie genauso ernst nehmen wie wir selbst.

Sie streiten sich mit Ihrem Partner

Sie sind zu Hause und machen sich mit Ihrer/m Liebsten einen ruhigen Abend. Plötzlich entzündet sich aufgrund einer Lappalie ein Streit, der langsam eskaliert.

Je mehr Sie beweisen wollen, dass Sie im Recht sind, umso mehr vergiften Sie die Atmosphäre.

Plötzlich hat die Beziehung gar keine Bedeutung mehr. Der andere ist nur noch ein Feind, der sich Ihnen entgegenstellt. Das Band, das Sie beide vor wenigen Minuten noch einte, ist verschwunden. Sie wollen nur noch eines: die Schlacht gewinnen. Sie ziehen sich auf Ihre Argumente, Ihre Prinzipien zurück.

Dabei erkennen Sie, dass langsam alles in wütenden Streit ausartet. Und eigentlich wollten Sie das nicht.

Was tun?

Hören Sie auf, so zu tun, als wären Sie ein in Purpur gekleideter Weise oder ein Löwe, der unter allen Umständen recht hat.

Wir müssen vielmehr akzeptieren, dass wir nichts weiter sind als Affen oder Esel.

Denn im Grunde sind wir das alle. Aber der eine sieht es eben ein, der andere leugnet es und verschließt die Augen davor.

Überall, wo die Menschen alles zu wissen glauben, wo sie sich über andere erheben, tritt stets das Übel auf den Plan.

Ich habe oben als Beispiel einen Konflikt in einer Paarbeziehung gewählt. Erasmus hingegen bezieht sich in seinem Zitat auf die schrecklichen Kriege, die zu seiner Zeit Europa verwüsteten. Die Religionskriege im 16. Jahrhundert waren von erschreckender Grausamkeit. Jeder versteifte sich auf seine Position, weil er glaubte, recht zu haben. Und jeder war bereit, den anderen deshalb zu töten.

Meditation, um uns von den Bildern zu lösen, die wir von uns selbst haben

Lassen Sie uns nun eine kleine Meditation durchführen, um Erasmus zu folgen.

Akzeptieren Sie, dass Sie nie eine perfekte Mutter, ein idealer Vater oder ein bei allen gleichermaßen beliebter Kollege sein werden ... Sobald Sie das tun, müssen Sie nicht mehr das Bild verteidigen, dem Sie Ihrer Meinung nach entsprechen müssten. Sie haben vielleicht einen Titel, üben eine bestimmte Funktion aus, haben eine gewisse Verantwortung. Identifizieren Sie sich nicht zu sehr damit. Das macht Sie intolerant.

Ein Freund von mir sollte in einer Brennpunktschule unterrichten. Das bereitete ihm große Sorge. Bevor er seine Stellung antrat, unterhielt er sich mit einem erfahrenen Kollegen. Und der erklärte ihm: »Was auch immer Sie anstellen, es ist sowieso nicht zu schaffen.«

Mein Freund erzählte mir, dass ihm allein diese Bemerkung eine unheimliche Last von den Schultern nahm.

Das soll nun weder zynisch noch entmutigend

klingen. Ganz im Gegenteil. Wenn wir darauf verzichten, uns als Helden zu sehen, denen alles gelingen muss, werden wir freier, mutiger und kreativer! Und können wirklich unser Bestes geben!

Es ist großartig: Runter mit den Masken.

Man geht nie weiter,
als wenn man nicht mehr
weiß, wohin man geht.

JOHANN WOLFGANG VON GOETHE

Nicht immer alles im Voraus planen

Sie müssen sich auf eine Reise begeben. Sie wollen Ihr Auto verkaufen oder einen Kirschauflauf backen.

Sie glauben, das Wichtigste dabei sei, alles so exakt wie möglich zu planen, jede einzelne Etappe, um sicher zu sein, dass Sie das gewünschte Resultat erzielen.

Sie wollen planen, wohin Sie gehen, wie Sie dorthin gelangen, welchen Problemen Sie dabei begegnen werden und wie Sie diese lösen.

Für bestimmte Vorhaben ist dieses Vorgehen tatsächlich geeignet.

Für alles aber, was wirklich zutiefst menschlich ist, ist das der schlechteste Weg.

Ihnen steht ein wichtiges berufliches Gespräch bevor

Stellen Sie sich vor, Sie sollen ein wichtiges Projekt in einer Präsentation vorstellen.

Oder Ihnen steht ein Vorstellungsgespräch oder eine mündliche Prüfung bevor.

Sie können sich bestmöglich vorbereiten. Bis ins Kleinste wiederholen, was Sie sagen wollen. Alle Möglichkeiten durchspielen, um sich vor Ihren Gesprächspartnern perfekt zu präsentieren.

Aber es kann gut sein, dass es nicht ganz so läuft wie geplant.

Sie haben nämlich das Wesentliche außer Acht gelassen: Ihren Gesprächspartnern wirklich zu begegnen. Ihre Bedürfnisse und Wünsche zu verstehen.

Sie haben vergessen, wie man eine echte Beziehung eingeht.

Zunächst einmal öffnet man sich für das Unvorhersehbare, dafür, was der andere völlig unerwartet sagen könnte. Man akzeptiert, dass man aus dem Konzept gebracht werden könnte. Dann kann tatsächlich eine Begegnung mit dem anderen stattfinden.

Was wir dem Klassenbesten vorwerfen, ist ja nicht, dass er etwas Falsches sagt. Sondern dass er immer recht hat. Und nie wirklich etwas sagt. Etwas, das aus dem Bauch heraus kommt.

Als ich angefangen habe, Vorträge zu halten, hat ein guter Freund mir einen wertvollen Rat gegeben: »Bereite das, was du sagen willst, bestmöglich vor. Und wenn du dann vor deinem Publikum stehst, leg die Notizen beiseite. Lass dich auf den Weg ein…«

Was Goethe, der Schriftsteller war, Dichter, aber auch Naturwissenschaftler und Politiker, uns zu verstehen gibt, ist noch radikaler als das, was ich Ihnen vorschlage.

Es genügt nicht, auf dem Weg einfach nur offen zu sein. Wir müssen vielmehr akzeptieren, dass der Sinn unseres Tuns sich erst im Tun selbst enthüllt. Wenn wir einen bestimmten Beruf ergreifen, werden wir erst auf dem Prüfstand der Wirklichkeit allmählich herausfinden, was er uns bringt. Wenn wir beschließen, ein Buch zu schreiben, werden wir den Sinn unserer Arbeit erst erkennen, wenn wir uns dem Projekt widmen.

Wenn wir uns nur auf unser Ziel konzentrieren, wird uns der Weg schwerfallen. Denn wir haben nur noch einen Wunsch: dass der Weg endlich enden möge, dass wir am Ziel ankommen. Wie schade das ist! Wir verpassen alles, was wir auf diesem Weg lernen könnten. Das Spannende am Reisen ist die Reise selbst.

Daher empfiehlt Rabbi Nachman: »Bitte nie jemanden, der den Weg kennt, um eine genaue Wegbeschreibung, denn dann kannst du dich nicht mehr verirren.«

Meditation über den Weg

Probieren Sie diese Methode aus, wenn Sie das nächste Mal spazieren gehen. Konzentrieren Sie sich anfangs ausschließlich auf Ihr Ziel. Achten Sie auf nichts anderes.

Lassen Sie diesen Fokus dann langsam in den Hintergrund treten und nehmen Sie wahr, was im Moment passiert. Achten Sie auf das, was Sie umgibt, während Sie langsam dahinschlendern. Lassen Sie sich überraschen. Lassen Sie sich vom Weg abschweifen.

Der Kampf ist aller Dinge Vater.

HERAKLIT

Der Fußball nimmt in unserer Gesellschaft einen wichtigen Platz ein. Wenn wir uns ein Spiel anschauen, sehen wir zwei Mannschaften dabei zu, wie sie um den Sieg kämpfen.

Es ist ein faires Spiel, wenn jeder sein Bestes gibt.

Das ist toll, manchmal unglaublich spannend.

Und doch sind wir schockiert, wenn wir Heraklits Worte lesen: »Der Kampf ist der Vater aller Dinge.«

Müssen wir denn wirklich um alles kämpfen?

Ist das nicht eine sehr gewaltbetonte, ja aggressive Sicht der Dinge?

Wir glauben das, weil wir Kampf mit Gewalt verwechseln. Dabei sind das zwei sehr verschiedene Dinge …

Glücklicherweise geht es bei einem Fußballspiel nicht darum, die gegnerische Mannschaft zu vernichten! Und erfreulicherweise beschließen die Spieler nicht, in einem Zustand des Zen zu verweilen und sich dem Kampf zu entziehen.

Sie müssen eine schwierige Mail schreiben

Welchen Kampf haben Sie heute zu führen? Müssen Sie dafür sorgen, dass die Kinder etwas essen? Ein Meeting vorbereiten? Eine Meinungsverschiedenheit mit Ihrem Partner klären?

Sie schaffen es nicht, und das nervt Sie.

Akzeptieren Sie einfach, dass Sie sich beherzt auf den Kampf einlassen. Sie werden sehen, dass sich damit alles ändert.

Das soll nicht heißen, dass Sie *gegen* etwas oder jemanden kämpfen sollen mit der Absicht, den »Gegner« zu vernichten. Kämpfen Sie vielmehr *dafür,* offenzulegen, was Sie sagen oder tun wollen. Das ist nämlich keineswegs immer offensichtlich. Manchmal müssen wir den Dingen auf den Grund gehen und Widerstände überwinden, um durchzukommen.

Der Kampf ist der Vater aller Dinge, weil durch ihn alles hervorgebracht wird und zur Entfaltung kommt.

Ohne Kampf entsteht nichts.

Heraklits Satz ist in meinen Augen eines der spannendsten Erbstücke der Antike, weil er uns eine klare Richtung weist. Natürlich hätten wir gerne, dass alles von selbst entsteht, ohne Kampf, was allerdings ziemlich naiv ist.

Aus diesem Grund betrachten wir den Kampf als negativ, schwierig und ermüdend. Aber jedes Werk, jedes Projekt, jede Schöpfung kann nur dann entstehen, wenn das, was bislang verborgen unter der Oberfläche harrte, sich mehr und mehr herausschält. Sie müssen dieses Schreiben, diesen Vertrag, diese Mail verfassen und dabei jedes Wort abwägen, jede Formulierung prüfen, damit das, was zu sagen ist, an die Oberfläche gelangt.

Wenn wir die Spannung, den Kampf ablehnen, verweigern wir unserem Projekt die Möglichkeit, sich zu verwirklichen.

Aus genau diesem Grund verurteilen wir die Menschen zur Ohnmacht, wenn wir ihnen beibringen, dass sie stets ruhig und gefasst sein müssen.

Dagegen sind wir sehr glücklich, wenn es uns gelingt, einen belebenden und schöpferischen Kampf zu führen.

Meditation über die Kraft zum Kämpfen

Wie stellen Sie es nun an, sich freudig in den Kampf zu stürzen?

Es genügt schon, wenn Sie Ihren tiefen Wunsch erkennen.

Fahren wir also fort mit unserem Fragespiel.

Welchen Kampf haben Sie heute zu führen?

Nehmen Sie sich einen Augenblick Zeit, um nachzuspüren, was Sie mit diesem Kampf erreichen, zeigen, entstehen lassen möchten. Von diesem Moment an wird der Kampf leidenschaftlich.

Welchen Trick finden wir, um unser Kind zum Essen zu bewegen?

Statt den Kampf als aufreibende, sinnlose Plackerei zu sehen, sollten wir zu seinem tieferen Sinn zurückfinden. Lassen Sie uns wie ein großartiger Fußballspieler sein. Voller Wut im Bauch. Voller Energie und Erfindungsgeist. Voller Leidenschaft.

Der Mensch ist zwar unheilig
genug, aber die Menschheit
in seiner Person muss ihm
heilig sein.

IMMANUEL KANT

Kant geht von einer einfachen Feststellung aus: Der Mensch ist zweifellos recht wenig heilig.

Das können wir im Alltag tatsächlich oft genug beobachten. Wir alle haben unsere Grenzen, wir sind nicht perfekt und machen häufig Dummheiten und Fehler. Es ist richtig, uns das bewusst zu machen.

Aber, so Kant, die Menschheit in unserer Person muss uns heilig sein. Diese Aussage klingt ein wenig merkwürdig.

Was soll sie bedeuten?

Wir sollten diesen Satz nicht als abstrakten, intellektuellen Gedanken abtun, da Kant uns damit zu einer Übung auffordert, mit der wir dem Rätsel unserer Existenz näherkommen.

Denn was ist die Menschheit in uns?

Unsere Seele?

Unsere Vernunft?

Vielleicht gibt es gar kein Wort, um diesen flüchtigen Funken zu beschreiben.

Das ist nicht weiter tragisch. Denn dieser Satz und das, worauf er verweist, hatten eine immense Auswirkung auf die Geschichte des Abendlandes. Es handelt sich um das Kernstück der Revolution der Aufklärung, die für alle Menschen die gleichen Rechte einforderte, allein aufgrund der Tatsache, dass wir alle Menschen sind.

Wenn uns jemand unterbuttert

Vor einiger Zeit hat einer meiner Freunde in der Arbeit einen Fehler gemacht, und sein Chef hat ihn deswegen vor allen brutal und rücksichtslos niedergemacht. Mein Freund hat sich wegen seines Fehlers mit Selbstvorwürfen gequält. Natürlich ist ihm dieser Fehler tatsächlich unterlaufen. Das anzuerkennen ist zunächst eine Frage der Ehrlichkeit, denn nur so finden wir von dort aus einen Weg, der uns weiterführt.

Aber es gibt absolut keinen Grund, sich deshalb schikanieren zu lassen oder, was noch schlimmer wäre, sich Selbstvorwürfe zu machen. Mein Freund ist und bleibt ein Mensch. Wir alle sind Menschen. Seltsamerweise vergessen wir das immer wieder.

Die Menschlichkeit in uns zu respektieren ist eine Pflicht, eine Pflicht, die wir jeden Tag aufs Neue erfüllen müssen.

Meditation, um sich wahrhaft zu begegnen

Wir haben einen Fehler begangen oder uns schlecht benommen, wir haben bei etwas versagt.

Wie gehen wir nun damit um?

Zunächst sollten wir uns das Ganze schlicht und einfach eingestehen.

Dann aber geht es darum, uns bewusst zu machen, dass dies nichts an unserem innersten Wesen ändert, unserem essenziellen Kern, den wir Kant zufolge erkennen sollten.

Sie haben bestimmte Merkmale, die Sie ausmachen: Sie sind Mann oder Frau, haben ein bestimmtes Alter, bestimmte Vorlieben, Fehler und Stärken.

Nehmen Sie sich die Zeit, sich all diese Merkmale bewusst zu machen.

Sie haben Dinge getan, auf die Sie stolz sind, und andere, die Sie bedauern.

Nehmen Sie auch dies deutlich wahr.

All das aber berührt nicht den wesentlichen Kern Ihres Seins. Diesen Funken, Ihre grundlegende Menschlichkeit.

Erkennen Sie diese. Achten Sie sie. Denn sie verdient Ihren Respekt.

Und auf eine tiefgreifende Weise verpflichtet Ihre Menschlichkeit Sie. Sie haben die Pflicht, sich selbst zu achten, nicht weil Sie reich, nett oder blond sind und blaue Augen haben, sondern einfach deswegen, weil Sie ein Mensch sind.

Wie wunderbar befreiend das ist.

Ethik ist Wagnis,
das äußerste Wagestück
des Narzissmus.

LOU ANDREAS-SALOMÉ

Lou Andreas-Salomé ist eine außergewöhnliche Denkerin des 20. Jahrhunderts, deren Leben romanhafte Züge trägt.

Mit einundzwanzig Jahren begegnet sie Nietzsche, der sich Hals über Kopf in sie verliebt. Als sie sechsunddreißig ist, verliebt sie sich in den vierzehn Jahre jüngeren Rainer Maria Rilke. Und 1911 lernt sie Freud kennen, mit dem sie bald eine tiefe Freundschaft verbindet.

Der Dialog mit diesen drei Geistesgrößen – einem der größten Philosophen, einem der größten Dichter und dem Vater der Psychoanalyse – führt Lou zu einer klaren Einsicht: Was dem Menschen von heute fehlt, ist vor allem die Gabe des Narzissmus. Dieser Mangel macht ihn schwach und, heute wie gestern, anfällig für mannigfaltige Formen der Manipulation.

Allerdings ist uns das nicht bewusst, da wir von einer Ideologie verblendet sind, für die der Name Narziss gleichbedeutend ist mit einem unbestreitbaren Charakterdefizit: mit Egozentrik, Eitelkeit, Selbstverliebtheit.

Aber wie kann der Mann, der der ersten blühenden Frühlingsbotin seinen Namen gab, zum Inbegriff eines solchen charakterlichen Verfalls werden?

Das ist umso merkwürdiger, als Narziss in der Geistesgeschichte des Abendlandes ursprünglich keineswegs einen Menschen symbolisierte, dessen Selbstverliebtheit zwangsläufig im Tod enden musste.

Narziss steht für die Entfaltung des Lebens, das uns die Kraft gibt, Nein zu sagen zu Barbarei und Lüge. Die Kraft, sich dem Konformismus zu widersetzen.

Sie treten einer Form von Gewalt entgegen

Eines Vormittags im Büro hören Sie mit an, wie einer Ihrer Vorgesetzten die Praktikantin niedermacht. Ihnen gefriert das Blut in den Adern. Er terrorisiert die junge Frau förmlich und missbraucht lautstark seine Macht. Die Praktikantin läuft knallrot an. Dann bricht sie in Schluchzen aus.

Einige Leute im Großraumbüro lachen!

Sie wissen nicht, was Sie tun sollen? Sollen Sie etwas sagen? Oder besser den Mund halten? Sie zögern!

In solchen Situationen sollten wir uns an Narziss ein Beispiel nehmen. Finden Sie zu sich selbst zurück. Vertrauen Sie Ihren Gedanken, Ihrer Wahrnehmung. Dann werden Sie die Kraft finden, Nein zu sagen und einzugreifen.

Menschen, die Widerstand leisten, müssen heute wie gestern auf sich selbst vertrauen können, an sich glauben, denn sie bringen sich unmittelbar in Gefahr, wenn sie hinter den Mauern der Feigheit hervortreten.

Lou Andreas-Salomé hat recht: »Ethik ist Wagnis, das äußerste Wagestück des Narzissmus [...], sein vorbildliches Abenteuer.«

Aber weil wir das nicht erkennen, weil wir den Narzissmus in uns abtöten, weil wir das Vertrauen in unsere Ressourcen verlieren, weil wir uns schuldig fühlen – fördern wir die Unmoral, die Gewalt und den Hass.

Meditation über die Fähigkeit zum Narzissmus

Narzisstisch zu sein ist weniger schwierig, als man gemeinhin annimmt. Es genügt schon, uns für das zu öffnen, was wir sind, hier und jetzt.

Begegnen Sie sich mit Vertrauen und inniger Liebe. Verlassen Sie sich auf sich selbst. Auf das, was in Ihnen vorhanden ist, voller Lebendigkeit. Auf das, was in Ihnen wachsen, erblühen und sich entfalten möchte.

Schon dadurch sagen Sie Ja zu dem Menschen, der Sie sind – so wie Sie es einem Kind gegenüber tun würden, das niedergeschlagen ist. Ganz selbstverständlich. Ohne Geschwafel. Ohne Trara. Sie nehmen es in den Arm. Sie fördern seine Entfaltung, regen es dazu an, sich in der Welt zu engagieren. Wie ein Vogel, der in den Himmel aufsteigt.

Vielleicht sind alle
Drachen unseres Lebens
Prinzessinnen, die nur darauf
warten, uns einmal schön
und mutig zu sehen.

RAINER MARIA RILKE

Gewiss kennen Sie Bilder von drachentötenden Rittern. In der christlichen Tradition ist dieser Ritter meist der heilige Georg. Doch die christliche Tradition nimmt hier ein Bild auf, das sehr viel älter ist als sie selbst.

In der griechischen Mythologie tötet Apollon den schrecklichen Drachen Python.

In Ägypten ist es Horus, der mit einem Lanzenstoß die riesige Schlange Apophis durchbohrt. Und später findet man dieses Motiv in Wagners *Ring* wieder, wo der junge Held Siegfried den Drachen tötet, der sagenhafte Schätze hütet.

Wofür aber steht dieses merkwürdige Tier eigentlich?

Es symbolisiert die Unterwelt, das Verborgene, den Sumpf, den wir bezwingen müssen, um unser zivilisatorisches Werk zu beginnen.

Doch dieser Kampf muss nicht unbedingt zum Tod des Tieres führen. Manchmal wird der Drache nur gezähmt. Dann trägt er ein seidenes Band um den Hals, das von einem jungen Mädchen gehalten wird. Dieses steht für die Unschuld, aber auch für das ursprünglichste Wissen. Das Wissen der Seele. Das Mädchen weiß, dass das Archaische nicht zerstört, sondern verstanden werden muss.

Das, was unterirdisch in uns ist, was uns Angst

macht, darf nicht eliminiert werden, wenn Klarheit herrschen soll. Es muss vielmehr gezähmt werden. Denn das Dunkle ist auch Vitalität, die Kraft des Lebens selbst. Es wäre schade, wenn wir uns dieser Kraft berauben würden.

Rilke, der visionäre Poet schlechthin, stellt uns eine verblüffende Lesart des Mythos vor.

Alle Drachen unseres Lebens sind vielleicht nur Prinzessinnen, die darauf warten, uns einmal schön und mutig zu sehen.

Sie wurden verraten, schikaniert, gemobbt

Sie haben eine äußerst schmerzliche Erfahrung hinter sich. Man hat Sie verraten, schikaniert, gemobbt.

Was tun?

Erste Option: Gehen Sie das Problem frontal an, auch auf die Gefahr hin, dass die angewandte Gewalt alles und jeden vernichtet, Sie selbst eingeschlossen.

Zweite Option: Gehen Sie dem Problem aus dem Weg. Wenden Sie ihm den Rücken zu. Oder, um einen modernen Ausdruck zu gebrauchen, bei dem es mir die Nackenhaare aufstellt: Lassen Sie los.

Viele Philosophien und psychologische Lehren empfehlen uns einen dieser Ansätze. Rilke lenkt unseren Blick in eine andere Richtung: Tragen Sie

Sorge dafür, dass das Verwundete heilt und sich wandelt.

Meditation zur Entwicklung von Mut

Doch wie gelingt uns das?

Wir müssen uns unserem Schmerz nähern. Ihn zur Kenntnis nehmen. Wir müssen uns dem Drachen stellen.

Das erfordert Mut.

Aus diesem Grund brauchen wir mitunter die Hilfe einer Prinzessin, die nichts anderes ist als unsere eigene Unschuld, unsere eigene Güte.

Sie kann sich unserem Schmerz nähern, ihn anschauen. Sie hilft uns zu erkennen, dass das, was verletzt ist, heilen und sich wandeln kann, wenn wir uns unsere Verletzung eingestehen. Dann wird die Wunde zu einem Segen.

Darin liegt der eigentliche Sinn der Meditation – ein anderes Verhältnis zu unseren Schwierigkeiten, zu den schmerzlichen Punkten unseres Lebens zu entwickeln. Man präsentiert uns ständig neue Rezepte und Tricks, um alle möglichen Probleme zu vermeiden. Aber das beraubt uns unserer Ressourcen und nimmt unserem Dasein jede Tiefe: Dann kann keine Prinzessin mehr erscheinen, und wir werden nicht schön und mutig.

Es existiert auf Erden nichts,
das unsere herablassenden
Blicke verdient hätte.

OLGA SEDAKOVA

Miteinander sprechen

Wenn ich von oben auf Sie herabsehe, dann wird Ihnen das wohl kaum gefallen.

Vielleicht fühlen Sie sich sogar verletzt.

Aber warum ist das so?

Weil jemand, der auf einen anderen von oben herabsieht, diesem nicht begegnen kann.

Er negiert den inneren Reichtum des anderen Menschen, die Tiefe seines Seins, seine Einzigartigkeit.

So etwas geschieht tagtäglich. Viele Menschen werden verächtlich angesehen. Und die Gewalt, die sie darin spüren, ist schlimmer, als man gemeinhin annimmt.

Dinge und Geschöpfe wirklich sehen

Wir sollten selbst einen Gegenstand, wie unbedeutend er auch sein mag, voller Achtung betrachten.

Hier sollten wir ansetzen.

Denken wir zum Beispiel an einen Apfel.

Streifen wir ihn nicht bloß mit unserem Blick, flüchtig, im Vorübergehen.

Ich habe mich für diese Frucht entschieden, weil es einen wunderbaren Maler gibt, von dem ich gelernt habe, einen Apfel zu betrachten.

Ich spreche von Paul Cézanne.

Er malte sein Leben lang Äpfel, wie es noch niemand vor ihm getan hatte. Er ließ sich nicht nur zu ihnen herab, sondern ging noch weiter. Er betrachtete sie, als hätte er sie noch nie zuvor gesehen – mit der allergrößten Aufmerksamkeit, voller Liebe und mit engelsgleicher Geduld.

Meines Erachtens entstand die moderne Kunst in ebenjenem Moment, als Cézanne entdeckte, dass ein Apfel nicht nur ein Stück Obst ist, sondern uns die Chance auf eine zutiefst menschliche Erfahrung bietet.

Der Kunstkritiker Meyer Schapiro war davon so eingenommen, dass er die These aufstellte, der Apfel spiele für Cézanne die gleiche Rolle wie die großen Akte für die Maler der Klassik. Er betrachtete den Apfel mit der gleichen Liebe wie ein Correggio den nackten Körper einer Frau.

Was für ein Umsturz! Jahrhundertelang hatte man nicht den einfachen Apfel für spannend gehalten, sondern nur einen vollkommenen Körper oder die großen Fragen der Existenz.

Vielleicht haben wir uns ja getäuscht.

In einem Apfel können wir der Wahrheit des Lebens, des Todes oder der Gerechtigkeit begegnen. Genau das ist die große Lektion der Moderne: Alle Dinge gleichermaßen zu betrachten, ohne sie zu hierarchisieren.

Und es ist wahr: Wenn ich einen Apfel voller Achtung betrachte, kann ich lernen, auch die Menschen entsprechend wahrzunehmen, die an den Rand gedrängt und unterdrückt werden. Diejenigen, die man gewöhnlich nicht sieht. Denn dann wird plötzlich alles wichtig.

Meditation über das Guten-Tag-Sagen

Lernen wir zu meditieren wie Cézanne. Versuchen Sie einfach, *allem*, was Ihnen begegnet, einen guten Tag zu wünschen.

Sehen Sie sich um. Dieses Kleid, dieses Glas, dieser Schirm – sagen Sie Guten Tag zu ihnen.

Lassen Sie sich dann von der Präsenz dieser Dinge anrühren. Stellen Sie eine enge Verbindung zu ihnen her.

Ich sehe die Tasse an, die auf meinem Schreibtisch steht, und merke, dass sie meine Stunden voller Würde begleitet. Sie ist kein einfaches, bedeutungsloses, austauschbares Objekt: Sie ist eine echte Gefährtin.

Und wie ist es bei einem anderen Menschen? Wie kann ich ihn ansehen, ohne sein Bild zu verzerren? Indem ich die Verbindung zu ihm spüre!

Farbe berührt das sinnliche
Innere des Menschen.

HENRI MATISSE

Schwingungen wahrnehmen

Um Ihnen diesen Satz in seiner ganzen Tragweite begreiflich zu machen, möchte ich Sie zu einem Experiment einladen. Sehen Sie sich in Ihrer Umgebung um und achten Sie einmal nur auf die Farben.

Im Allgemeinen tun wir das nämlich nicht. Wir schauen die Dinge an und identifizieren sie sofort: Wir sehen einen Baum von grüner Farbe, aber nicht das Grün für sich.

Im Moment aber sollen Sie nur das Grün betrachten, in seiner ganz besonderen Art.

Lassen Sie es einfach sein, in seiner ganzen Intensität.

Lassen Sie zu, dass dieses Grün das sinnliche Innere Ihres Seins berührt. Es ist nicht mehr getrennt von Ihnen. Ihr ganzes Dasein wird von dieser Schwingung erfasst.

In dieser Erfahrung steckt viel mehr Sinn, als es auf den ersten Blick scheinen mag.

Ein bewegender Moment

Wann haben Sie sich zum letzten Mal wirklich berührt gefühlt, ob nun im Theater, im Konzert oder bei einer Begegnung?

Nun, diese Erfahrung lässt sich sowohl ausdehnen wie vertiefen.

Meist ist das Berührtwerden eine eher oberflächliche Erfahrung. Wir sind gerührt von einem Sonnenuntergang oder einem Geschenk.

Aber dieses Gefühl ist flüchtig, und häufig nehmen wir es nicht einmal wahr.

Matisse aber lädt uns dazu ein, diese Erfahrung so zu vertiefen, dass sie uns verwandeln kann. Denn so unscheinbar sie auch wirken mag, sie stellt die gesamte philosophische Struktur auf den Kopf, mit der wir seit Jahrhunderten leben und die uns in die Irre führt, ohne dass wir es bemerken.

Man hat uns glauben gemacht, Farbe sei etwas Nebensächliches, Zufälliges: Ganz egal, ob eine Kanne blau oder grün ist, was zählt, ist nur die Tatsache, dass es sich um eine Kanne handelt.

Wie unsere Emotionen auch immer aussehen mögen, was zählt, ist unsere Vernunft.

Diese Auffassung hindert uns allerdings daran, uns jener anderen Dimension zu erfreuen, die gleichwohl immer da ist, zum Greifen nahe.

Es geht dabei nicht darum, eine Farbe als angenehm und eine andere als hübsch zu empfinden. Das will Matisse uns nicht vermitteln.

Er fordert uns vielmehr dazu auf, uns von der Farbe einnehmen, durchdringen, verwandeln zu lassen.

Meditation über die Auswahl eines Pullovers

Wenn Sie das nächste Mal einen Pulli oder einen Schal kaufen, versuchen Sie, seine Farbe in sich aufzunehmen. Achten Sie darauf, was Sie dabei empfinden.

Lassen Sie sich davon berühren.

Das ist eine einzigartige Erfahrung, weil sie weder ausschließlich körperlich-sinnlich noch rein rational-intellektuell ist. Sie berührt eine andere Dimension unseres Daseins, die wir vernachlässigen.

Ich werde Ihnen nun das große Geheimnis in Matisses Satz verraten. Wenn wir zulassen, dass die Farbe uns berührt, in die tiefsten Tiefen unserer Seele vordringt, dann ergreift sie uns. Sie bringt etwas in uns in Bewegung – und führt uns so zur reinsten Freude.

Die Farbe in uns eindringen zu lassen heißt, uns vom Leben *erfüllen* zu lassen.

Und damit kennen Sie nun den direkten Weg, die Freude des Daseins wiederzuentdecken.

Matisses Aussage macht auch den tiefen Sinn einer anderen Weisheit deutlich, die ich an dieser Stelle verteidigen möchte: eine Weisheit, die uns nicht dazu anhält, uns vor der Intensität des Lebens zu schützen, sondern diese vielmehr zu feiern.

Seid menschlich, wenn ihr
originell sein wollt; das ist
heute wirklich niemand mehr.

MAX JACOB

Nietzsche wird manchmal abgeurteilt, weil er in geistiger Umnachtung starb, und Virginia Woolf, weil sie sich das Leben nahm. Man denkt, dass Monet seine Seerosen ohne Kontur gemalt hat, weil er kurzsichtig war, und dass Van Goghs starke Farben Ausdruck seiner Epilepsie sind.

In Wirklichkeit liegt das Geheimnis ihres Schaffens keineswegs im Leiden oder einer Krankheit dieser Künstler, sondern ist vielmehr darauf zurückzuführen, wie sie ihre Probleme nutzten.

Genie entsteht durch die Art und Weise, wie der Mensch mit seinen Verletzungen umgeht, um daraus eine Lektion der Menschlichkeit zu ziehen.

Doch das zu akzeptieren fällt uns schwer.

Helden sind für uns Männer, die einfach alles schaffen; Frauen, die einen Traumjob haben und mit perfekter Föhnwelle von einem Flugzeug ins nächste steigen ... Das zumindest will man uns glauben machen. Und zahlreiche Experten und Narrative fördern solche Unwahrheiten: Sie versuchen, uns einzureden, dass wir immer in Topform sein müssen und Höchstleistungen erbringen sollten, ohne dabei jemals feindselige Gefühle zu hegen oder je irritiert und verletzt zu reagieren.

Würden wir ihnen glauben, müssten wir uns zwangsläufig dafür schämen, menschlich zu sein.

Menschlich sein, wenn es sonst niemand mehr ist

Der Dichter Max Jacob hatte recht: »Seid menschlich, wenn ihr originell sein wollt; das ist heute wirklich niemand mehr.«

Wie aber können wir menschlich sein, wenn es sonst niemand mehr ist?

Nichts einfacher als das! Pfeifen Sie doch einfach auf all die Erwartungen! Ich bin erst allmählich dahintergekommen, dass dies der Schlüssel ist, als ich erkannte, in welchem Ausmaß wir beurteilt, geprüft und bewertet werden, letztlich aufgrund bestimmter Auswahlkriterien. Es geht um eine Auswahl für diese oder jene Aufgabe, für diesen oder jenen Job… Und wir haben diese Sichtweise verinnerlicht, die von uns verlangt, keine unterschiedlichen Gemütszustände zu haben, keine Probleme, keine Zweifel.

Es ist an der Zeit, auf all das zu pfeifen. Uns die Erlaubnis zu geben, menschlich zu sein.

Meditation des Dichters

Aber wie gelingt uns das? Max Jacob schlägt uns zu diesem Zweck folgende Meditation vor:

»Bei der Meditation geht es«, so schreibt er, »nicht

darum, Ideen von Literaten zu entwickeln, sondern vielmehr darum, das Wesentliche zu erkennen und die damit einhergehende Emotion wahrzunehmen und wie ein Schauspieler bewusst zu fördern. Dann zu spüren, wie diese Emotion seitlich am Körper hinunterströmt bis zum Bauch. Dort nämlich liegt der Sitz der Seele, der Solarplexus.«

Und tatsächlich hat Max Jacob recht: Mensch sein heißt, zu diesem grundlegenden Fundament zurückzukehren – zu dem, was tiefer in uns hinabreicht als unsere Errungenschaften, unsere Erfolge oder unsere Fehlschläge.

Das erfordert Mut! Denn unserer eigenen Menschlichkeit zu begegnen bedeutet, zu erkennen, dass wir berührt, verletzt, ergriffen sein können… Und das macht uns Angst.

Wir befürchten, dass wir uns nicht mehr anpassen können, wenn wir uns auf diese Weichheit einlassen. Dass wir dann zu empfindlich sind. Dass wir uns schleunigst abschirmen müssen. Einen Panzer tragen. Unser Herz zum Schweigen bringen.

Aber das Gegenteil ist der Fall. Gerade die Angst vor der Begegnung mit dem, was wir sind, beraubt uns unserer Möglichkeiten. Sie lässt uns falsch, hart und grausam werden.

»Seid menschlich, wenn ihr originell sein wollt; das ist heute wirklich niemand mehr.«

Mit deinen Fehlern – keine Hast. Mach dich nicht leichtsinnigerweise daran, sie zu korrigieren. Was würdest du an ihre Stelle setzen?

HENRI MICHAUX

Selbstwertschätzung

Wenn wir einen Fehler an uns feststellen, neigen wir dazu, uns dafür zu schämen, und wollen ihn häufig loswerden. Schnell, schnell radieren wir alles aus, was uns an uns stört.

Im Grunde empfinden wir diesen extrem effektiven Radiergummi als große Weisheit. Eine bestimmte Seite an uns irritiert uns, also müssen wir sie ausradieren.

Etwas anderes stößt uns auch ab, also greifen wir wieder zum Radiergummi.

Aber was sind wir dann noch, wenn wir alles ausradiert haben?

Aalglatte Wesen, ohne Ecken und Kanten, aber auch ohne viel Leben.

Aber ist es nicht erstrebenswert, frei von allen Fehlern zu sein?

Keineswegs, denn – wie der Dichter Henri Michaux fragt – was würden wir an ihre Stelle setzen?

Mit Radiergummi und Tipp-Ex machen wir nichts besser, wir schaden uns nur.

»Nur keine Eile mit deinen Fehlern« – wir sollten sie kennenlernen. Etwas daraus machen. Figuren. Ungeheuer. Feen.

Das ist die eigentliche Lektion der großen Künstler, die sich der Vorstellung widersetzen, sich unfruchtbaren Normen zu beugen. Sie verwandeln ihre Fehler in Stärken, Trümpfe und Chancen.

Sie haben Fehler? Wunderbar! Machen Sie sich an ihre Erforschung.

Sie stehen ungeduldig in der Schlange

Sie müssen sich im Kaufhaus an der Kasse anstellen. Die Warteschlange ist lang. Das Warten verärgert Sie zusehends. Aber Ihre Ungeduld ärgert Sie auch. »Ach, wäre ich doch nur geduldiger!«, denken Sie. Doch dieser Gedanke beruhigt Sie nicht im Mindesten. Er verärgert Sie nur noch mehr.

Eine merkwürdige Vorstellung: Warum sollten Sie ohne Ihre Ungeduld ein besserer Mensch sein?

Die außergewöhnlichsten Menschen, die ich je kennengelernt habe, waren keineswegs frei von Fehlern. Sie konnten allerdings etwas daraus machen. Das Problem mit unseren Fehlern ist, dass wir sie nicht schätzen. Das macht sie so belastend und nervig. Könnten wir unsere Fehler liebevoll annehmen, würden sie uns wertvolle Geschenke machen. Wir würden die wunderbare Weisheit entdecken, die in ihnen verborgen liegt.

Aber was können wir mit unseren Fehlern anstellen?

Meditation über den Ärger

Um das herauszufinden, versuchen wir zunächst zu ermitteln, was Sie ärgert. Nehmen Sie wahr, wie ärgerlich es ist, diesen oder jenen Fehler zu haben. Spüren Sie dann, wie gerne Sie Ihre Ungeduld loswerden würden, Ihre Angst, Ihre Befangenheit oder gar Ihre Schüchternheit. Spüren Sie Ihre Wut, wenn Sie sich mit Ihren Schwächen konfrontieren.

Mit Sicherheit sind Sie viel angespannter als vorher.

Nun verändern wir die Herangehensweise.

Begegnen Sie Ihrem Problem so, als würden Sie ein Musikstück hören. Mit Neugier und Interesse. Nehmen Sie seinen Rhythmus, seine Melodie wahr… Sie werden feststellen, dass Ihre Ungeduld zum Beispiel möchte, dass Sie vorwärtskommen. Sie ist schillernd, wirbelnd.

Mithilfe dieser Meditation können Sie mit sich selbst Frieden schließen. Sie beenden den inneren Krieg, der seit viel zu langer Zeit zwischen Ihnen und Ihren Fehlern tobt. Sie werden erkennen, dass Ihre Fehler bald ganz anders auf Sie wirken als früher.

Sie werden sie nicht wiedererkennen.

Sie werden Ihnen nicht mehr schaden.

Sie werden zu einer Schatzkammer.

Manches muss schwer
bleiben. Und die
Seelenbehandler wollen
alles leicht machen.

NELLY SACHS

Zur richtigen Zeit lächeln

Hat man Ihnen je ein Lächeln abverlangt, obwohl Sie traurig oder besorgt waren?

Wenn mir das passiert, fühle ich mich jedes Mal unwohl. Als wäre ich schuld daran, die Dinge in all ihrer Schwere zu empfinden.

Natürlich ist ein Lächeln etwas Wunderbares, wenn es wie ein Geschenk auf unserem Gesicht erscheint. Nicht aber, wenn es bedeuten soll, dass nichts wirklich schlimm sein darf.

Seit meiner Kindheit wird mir vorgeworfen, zu ernst zu sein. Und tatsächlich nehme ich die Dinge manchmal zu schwer. Als ich noch jünger war, versuchte ich mich zu ändern. Allerdings ohne großen Erfolg. Dann aber habe ich diesen wunderbaren Satz der Dichterin Nelly Sachs entdeckt, die 1966 den Nobelpreis für Literatur erhielt. Und plötzlich war alles wieder in Ordnung.

»Viele Dinge müssen schwer bleiben, und die Seelenverkäufer wollen alles leicht machen.«

Alles leicht machen: Dieses Versprechen unter dem sympathisch klingenden Deckmantel ist in Wirklichkeit von sehr großer Brutalität.

Alles schönzufärben heißt, dass wir nicht sehen, was wirklich ist, was verändert, umgewandelt oder zurückgewiesen werden muss. Es macht uns handlungsunfähig.

Sie werden Vater

Einer meiner Freunde wird bald Vater, und das beunruhigt ihn gewaltig. Umso mehr, da er glaubt, er müsste nun vollkommen glücklich sein. Schließlich bekommt er das von jedem zu hören.

Aber auf diese Weise zäumt man das Pferd von hinten auf. Sinnvoller wäre es, sich einzugestehen, dass das Vatersein mit einer Verantwortung verbunden ist, die mitunter schwer auf unseren Schultern lastet.

Eltern zu werden, einem Kind das Leben zu schenken, ist eine Bürde. Und nur wenn wir uns das klarmachen, finden wir eine tiefe Freude darin. Keinesfalls aber, wenn wir diesen Aspekt einfach leugnen.

Das wussten schon die alten Griechen. Sie erfanden die Gattung der Tragödie, um den Menschen dabei zu helfen, ein heiliges Band zur Wahrheit ihres Daseins zu knüpfen – indem sie die ganze Last ihrer Verpflichtungen und Entscheidungen auf sich nahmen.

Doch ich möchte hier einem möglichen Missverständnis vorbeugen. Es geht nicht darum, sich die Dinge besonders schwer zu machen. Ob wir uns wünschen, dass alles schwer sein möge, oder ob wir uns nach einem leichten Leben sehnen, in beiden Fällen begehen wir im Grunde den gleichen Fehler. Wir nehmen den Dingen ihr eigentliches Gewicht.

Doch die Kunst, Mensch zu sein, besteht eben darin, jede Situation, jedes Ereignis richtig abzuwägen und herauszufinden, wann wir uns eine Sache leichter machen und welchen Dingen wir ihr wahres Gewicht beimessen sollten.

Meditation, um den eigenen Emotionen ihr wahres Gewicht beizumessen

Um diese Kunst zu erlernen, sollten Sie an eine Emotion denken, die Sie im Augenblick erleben oder erst kürzlich verspürt haben.

Nehmen Sie sich Zeit, ihr zu begegnen.

An welcher Stelle im Körper spüren Sie dieses Gefühl am stärksten?

In der Brust? Im Bauch, in der Kehle?

Wenn diese Emotion eine Form hätte, wie sähe sie aus?

Hätte sie eine Farbe, welche wäre es?

Welche Empfindung ist mit der Emotion verbunden? Eine Anspannung? Eine gewisse Beklemmung? Ein Gefühl der Hitze?

Vielleicht können Sie die Emotion jetzt auch benennen: Ist es Kummer, Einsamkeit, innige Liebe?

Wenn Sie Ihre Emotion erkunden, messen Sie dieser ihr wahres Gewicht bei. Nicht mehr. Und nicht weniger.

Je versucht.
Je gescheitert.
Was soll's.
Versuch es wieder.
Scheitere wieder.
Scheitere besser.

SAMUEL BECKETT

Die Kunst des Scheiterns

Haben Sie Angst vor dem Scheitern? Empfinden Sie es als schmerzlich? Dann ist der Satz von Samuel Beckett für Sie genau richtig.

Denn er stellt die gängige Vorstellung, wer scheitert, habe etwas falsch gemacht, auf den Kopf.

Sie wollen etwas Neues lernen, zum Beispiel Tangotanzen oder Rudern ...

Sie wollen etwas Neues lernen: Tangotanzen, Rudern oder was auch immer.

Denken Sie zum Beispiel an ein Kind, das laufen lernt. Wenn es hinfällt, wird es nicht mutlos und hält sich von nun an für einen Versager. Ganz im Gegenteil: Es muss sogar hinfallen, damit es lernt, wieder aufzustehen und nach und nach sicher zu laufen.

Wenn Sie nicht hinfallen wollen, brauchen Sie gar nicht erst zu versuchen, sich zu erheben. Dann verzichten Sie nämlich auf das Leben.

Sich der Unvermeidlichkeit des Scheiterns zu verweigern bedeutet, dass Sie sich zur Ohnmacht verurteilen.

Sie zu akzeptieren macht hingegen den Erfolg erst möglich.

Aber Beckett rät uns nicht einfach, das Scheitern als lästige Nebenwirkung in Kauf zu nehmen, um *danach* Erfolg zu haben. Er fordert uns vielmehr dazu auf, *besser* zu scheitern.

Warum tut er das?

Will er uns denn im Scheitern und Leiden festhalten?

Keineswegs. Ganz im Gegenteil.

»Scheitere besser« soll heißen: »Mache dir den tieferen Sinn des Scheiterns bewusst«, »Erkenne, wie du in die Dynamik deines Lebens eintauchen kannst.«

Haben Sie schon einmal ein Manuskript von Marcel Proust gelesen, mit all seinen Ersetzungen, Streichungen, Ergänzungen?

Welch großartige Lektion des Scheiterns.

Proust klebte an die ohnehin schon bis zum Rand vollgeschriebenen, korrigierten Seiten kleine Zettelchen, die er »Paperolles« nannte. So konnte er hier noch einen Satz einfügen, dort einen ganzen Absatz. Das zeigt, dass ein großer Schriftsteller die Kunst des Scheiterns beherrscht.

Jedes Mal, wenn Proust wieder an seinem Text arbeitete, bemerkte er, dass irgendetwas noch nicht stimmte. Dann versuchte er, einen Absatz zu streichen oder einen neuen hinzuzufügen. Es geht also nicht darum, mit dem Scheitern irgendwie fertigzuwerden, sondern sich darauf einzulassen, bis es das Projekt, an dem man arbeitet, vollkommen verwandelt hat.

Meditation über das ganz normale Fiasko

Sie sind mir bis hierher gefolgt und können akzeptieren, dass das Scheitern Teil des Lebens ist.

Einen Einwand allerdings haben Sie. Manchmal kann es nämlich ganz schön wehtun. Sie haben erst gestern Freunde zum Abendessen eingeladen und die Tarte schmeckte ein klein bisschen angebrannt. Das war Ihnen wirklich peinlich.

Lassen Sie uns diesen Fall ein wenig näher betrachten.

Ihre erste Reaktion war Ärger. Es lag am blöden Ofen, der nicht richtig funktioniert, oder an Ihren Kindern, die ständig etwas von Ihnen wollen und natürlich immer im falschen Moment. Vielleicht kommen Sie auch zu dem Schluss, dass Sie einfach nicht kochen können.

Beide Ansätze sind nicht gerade glücklich.

Heutzutage sind wir alle sehr erfolgsorientiert, aber wir lernen nicht, mit der Tatsache umzugehen, dass die Dinge nicht immer so laufen, wie wir uns das vorstellen.

Wie aber werden wir mit den kleinen Katastrophen des Alltags fertig?

Statt wütend in die Luft zu gehen oder jeden Mut zu verlieren und sich als Versager zu betrachten, spüren Sie nach: Sie sind verletzt, Sie leiden darunter. Genau das heißt »besser scheitern«: Sie lassen sich auf Ihre eigene Verletzlichkeit, Ihre Menschlichkeit ein. Können Sie sich erlauben, wahrzunehmen, was Sie empfinden? Können Sie akzeptieren, dass nicht immer alles so läuft, wie Sie sich das wünschen?

Die Intelligenz ist durch ein
natürliches Unverständnis für
das Leben charakterisiert.

HENRI BERGSON

Wenn dieser Satz nicht von einem der größten Philosophen Frankreichs käme, nämlich von Henri Bergson, fühlte man sich versucht, ihn für einen Witz zu halten.

Wieso sollte die Intelligenz nicht imstande sein, das Leben zu begreifen? Das wirkt doch ein bisschen übertrieben.

Es ist schließlich die Intelligenz, die uns unsere niederen Triebe und Vorurteile überwinden lässt. Und an Intelligenz mangelt es unserer Welt ohnehin.

Was also will Henri Bergson uns damit sagen?

»Die Intelligenz ist durch ein natürliches Unverständnis für das Leben charakterisiert.«

Um das zu verstehen, müssen wir uns zuerst damit beschäftigen, was Intelligenz überhaupt ist.

Die Intelligenz stiftet Ordnung, sie ordnet die Dinge. In der Vielfalt der Erscheinungen lässt sie uns Muster erkennen und Gesetze. Sie befähigt uns zur Verallgemeinerung.

Großartig!

Das gibt uns die Möglichkeit, unser Wissen über die Wirklichkeit zu vertiefen.

Das Problem dabei ist nur: Da die Intelligenz eben genau so arbeitet, unterdrückt sie die Dauer, die Bewegung, die Tiefe unserer persönlichen Erfahrung.

Die Erfahrung, die wir im Morgengrauen unseres Tages machen.

Anders ausgedrückt: Die Intelligenz führt uns am Leben vorbei! Sie lässt uns unser eigenes Leben versäumen!

Sie langweilen sich häufig

Langweilen Sie sich manchmal?

Das liegt zweifellos daran, dass Sie zu intelligent sind. Ja, Sie haben richtig gelesen.

Stellen Sie sich einmal folgende Situation vor: Sie müssen bei Ihren Schwiegereltern zu Mittag essen. Sie sitzen kaum am Tisch, da wissen Sie schon, was es zu essen geben und worum das Gespräch sich drehen wird. Und das ödet Sie an. Ihr Intellekt ermöglicht Ihnen, das Mittagessen zu generalisieren.

Sie nehmen den Geschmack des Tomatensalats nicht mehr wahr, sondern sehen ihn nur abstrakt als Tomatensalat. Ihr Intellekt hat daraus einfach »einen Salat«, den Sie schon kennen, gemacht. Daher ist es kein besonderer, einzigartiger, unvergleichlicher Salat, für den man – will man ihn tatsächlich schmecken – ein wenig Zeit aufbringen muss.

Wenn Sie möchten, dass Ihr Leben spannender wird, müssen Sie Ihren Intellekt beiseiteschieben und zu dem zurückkehren, was weniger verallgemei-

nernd, weniger mechanisch ist: zu Ihren Wahrneh-
mungen, Ihren Emotionen, Ihren Empfindungen...

Natürlich erfordert es ein wenig Anstrengung,
von unserem gewohnten, »intellektgesteuerten«
Umgang mit den Dingen zu dieser tiefen und einzigartigen Erfahrung zurückzukehren. Aber es ist
die Mühe wirklich wert!

Meditation darüber, wie wir uns unserer überbordenden Intelligenz entledigen können

Lassen Sie uns eine kleine Meditation durchführen, um diese schreckliche Intelligenz, die gern
alles, was ihr über den Weg läuft, in Schubladen
steckt, ein wenig ruhigzustellen.

Öffnen Sie sich hier und jetzt für den Reichtum
Ihrer momentanen Erfahrung.

Vielleicht fällt Ihnen plötzlich ein Detail auf,
das Sie vorher nie bemerkt haben – etwa das Muster auf dem Lampenschirm oder auf dem Teppich
vor Ihnen. Sie haben die Lampe und den Teppich
schon immer wahrgenommen, und doch betrachten
Sie beides nun zum ersten Mal in Ihrem Leben mit
einem solch offenen Blick.

Wenn Sie glücklich sein wollen, sollten Sie sich
diesem offenen, jungfräulichen Blick überlassen.

Wenn der Mensch zu seinem
eigentlichen Wesen finden
will, darf er nicht versuchen,
die Ambivalenz seines Seins
aufzuheben, sondern muss im
Gegenteil bereit sein, sie zu
verwirklichen.

SIMONE DE BEAUVOIR

Die Einseitigkeit überwinden

Nein, dieser Satz ist tatsächlich nicht einfach. Nehmen wir uns also Zeit, ihn zu verstehen.

Ambivalenz heißt, dass etwas mehrere Bedeutungen hat, mehrere Seiten, Facetten und Aspekte. Im Allgemeinen wollen wir eine solche Ambivalenz vermeiden.

Wir versuchen, alles auf eine Bedeutung zu reduzieren, auf die Gefahr hin, dass diese einseitig gerät. Das ist der Preis der Effizienz.

Und tatsächlich zielen besonders politische oder ideologische Aussagen häufig darauf ab, alle intransparenten Schattierungen zu eliminieren. Alle Farben und Grautöne sollen beseitigt werden, bis am Ende nur noch Schwarz oder Weiß übrig bleibt.

Im Zeitalter der PR-Fachleute ist daraus ein richtiger Sport geworden!

Sie müssen eine Entscheidung treffen

Aber ist es denn stets legitim, die Ambivalenz auf diese Weise zu eliminieren?

Um das herauszufinden, wollen wir uns nun einer alltäglichen Situation zuwenden.

Sie müssen eine Entscheidung treffen, zum Beispiel, ob Sie Ihre Beziehung zu einer bestimmten

Person aufrechterhalten wollen, ob Sie umziehen oder etwa eine neue Arbeit annehmen sollen.

Sie sind sich nicht sicher.

In Wirklichkeit ist das, was Sie als Schwierigkeit empfinden, eine Chance.

Denn wenn Sie zögern, heißt das, dass Sie frei sind.

Würde sich in jeder Situation nur eine Option aufdrängen – nur eine einzige Person, nur eine Wohnung, eine einzige Arbeit –, wäre das schrecklich.

Die Tatsache, dass Sie wählen können, bedeutet doch, dass Sie an der Vielfalt des Daseins teilhaben.

Der Nachteil ist, dass Sie akzeptieren müssen, nie hundertprozentig sicher sein zu können, ob Ihre Entscheidung die beste ist.

Freiheit macht schwindlig. Meist vergisst man, diesen Nebeneffekt zu erwähnen.

Simone de Beauvoir, die leidenschaftlich für die Freiheit eintrat, weist uns auf die Gefahr hin, die in der Vereinfachung liegt.

Die aktuell vorherrschende Ideologie, wonach wir innerlich ruhig werden und in einem Zustand des Zen unser gesamtes Leben meistern sollen, spricht uns in Wirklichkeit unsere Freiheit ab. Und das ist schrecklich!

Wir sollten vielmehr lernen, voller Ambivalenz zu leben, voller Offenheit, inmitten des Möglichen.

Doch wie gelingt uns das? Hier bietet uns die Meditation über die Bedeutung des Humors wertvolle Unterstützung.

Humor zu haben heißt, sich darüber im Klaren zu sein, dass jeder von uns auch eine Charlie-Chaplin- oder Buster-Keaton-Seite hat. Und diese können wir um Hilfe bitten.

Sie haben sich gerade ein neues Paar Schuhe gekauft. Ein paar Tage später aber sehen Sie in einem anderen Laden ein anderes Paar Schuhe, und es beschleichen Sie gewisse Zweifel! Hätten Sie nicht besser dieses Paar gekauft?

Das wäre ein Moment, um Ihren inneren Charlie Chaplin zu kontaktieren, damit er Ihnen zeigt, wie komisch all diese Irrungen und Wirrungen sein können.

Wenn wir immer alles zu ernst nehmen, wird jede Form von Ambivalenz zum Schreckgespenst. Nutzen wir dagegen unsere Fähigkeit, die komische Seite der Dinge zu sehen, lockern wir damit unsere ernste Sicht auf die Welt auf, die uns doch recht angespannt macht.

Betrachten wir die Situation also mal von einem anderen Gesichtspunkt aus, erweitern wir unseren Blickwinkel – und schon ist alles entkrampfter.

Kaffee gibt dir, hast du ihn
ausgetrunken, noch ein wenig
Zeit zum Nachdenken.

GERTRUDE STEIN

Über das Alltägliche nachsinnen

Merkwürdig! Wie soll das Kaffeetrinken uns die Möglichkeit zu tiefer Reflexion bieten?

Für uns ist das Nachdenken eine intellektuelle Tätigkeit. Die Verrichtungen des Alltags sind dagegen, auch wenn sie uns Vergnügen bereiten, in unseren Augen ziemlich oberflächlich und banal.

Gertrude Stein, eine der erstaunlichsten Dichterinnen des 20. Jahrhunderts und eine enge Freundin Picassos, der von ihr eines seiner berühmtesten Porträts anfertigte, dachte genau das Gegenteil. Die Tätigkeiten des Alltags können eine tiefe Bedeutung haben und es uns ermöglichen, unser Dasein zu verwandeln.

Sie sind im Stress!

Sie sind so richtig im Stress! Da wüsste ich was für Sie. Trinken Sie eine Tasse Kaffee. Wenn Sie Kaffee nicht mögen, macht das nichts. Trinken Sie in dem Fall einen Tee, egal ob Schwarz- oder Kräutertee. Das funktioniert genauso.

Wichtig ist einzig und allein das Trinken. Denn dabei verändern Sie Ihr Verhältnis gegenüber der Zeit.

Sie atmen den berauschenden Duft des Kaffees

ein, genießen seinen einzigartigen Geschmack. Und während Sie das tun, lichten Sie den Anker. Sie treten ein in die Tiefe der Zeit.

Anders ausgedrückt: Wenn Sie eine Tasse Kaffee trinken, tun Sie etwas, das nicht direkt etwas mit dem Kaffee zu tun hat. Sie lösen sich von Ihren Alltagsbeschäftigungen. Daher können Ihnen in diesem Augenblick neue Ideen zufließen.

Haben Sie Ihren Kaffee ausgetrunken, ist diese Zeit immer noch vorhanden, zumindest für einen Moment.

Das Entscheidende ist, dass sich mit dieser Pause auf einfache Weise alles verändert hat. Was Ihnen noch vor einigen Minuten auf die Nerven gegangen ist, irritiert Sie nun deutlich weniger. Und Sie sind viel einsatzfähiger.

Allerdings sollten wir diese tiefe und weitreichende Erfahrung nicht mit dem verwechseln, was viele Menschen »kleine Glücksmomente« nennen. Denn es geht nicht darum, sich an kleinen Nichtigkeiten zu erfreuen, die in Wahrheit ziemlich läppisch sind, sondern vielmehr darum, Ihr eigenes Leben von Grund auf zu befreien.

Bevor Gertrude Stein nach Paris kam, war sie eine begeisterte Studentin von William James. Der amerikanische Philosoph hat das Denken über unser Bewusstsein revolutioniert. Der Geist, so James, sei einem Vogel vergleichbar, bei dem sich

Zeiten des Fliegens und des Rastens abwechseln. Nur wenn der Mensch in dieses Wechselspiel zurückfinde, könne er seine Lebensfreude wiederfinden.

Wenn Sie also kurz innehalten, um Ihren Kaffee oder Tee zu trinken, finden Sie zurück zu Ihrem Geist, dessen Bewegung nicht so aussehen sollte wie das gleichförmige Dahinrollen eines Zuges, sondern eher wie ein Tanz, dessen Rhythmus ständig wechselt.

Meditation unter der Dusche

Sie können diese Übung mit allem verbinden, was Ihnen eine Auszeit ermöglicht, und so Ihr Verhältnis zur Zeit verändern. Ich mache sie besonders gern beim Duschen.

Unter der Dusche lasse ich mich vom wohltuenden warmen Wasser ablenken und vergesse für einen Moment meinen Tagesplan. Und wenn ich aus der Dusche komme, habe ich das Gefühl, verändert zu sein, ja, dass sich alles verändert hat.

Und wie ist es bei Ihnen? Welche Tätigkeiten gewähren Ihnen noch einen kurzen Moment zum Nachdenken, wenn Sie sie beendet haben?

Es ist unmöglich, die
Vergangenheit zu verstehen,
ohne sich mit der Gegenwart
zu beschäftigen.

MARC BLOCH

Fragen stellen

Dieser Satz von Marc Bloch, einem der großen französischen Historiker der ersten Hälfte des 20. Jahrhunderts, ist befremdlich, weil wir spontan annehmen, bei Geschichte gehe es um das Studium der Vergangenheit.

Doch wir können in vergangenen Zeiten nicht nach etwas Erstarrtem suchen. Eine objektive Vergangenheit gibt es schlichtweg nicht.

So erstaunlich dieser Satz auch klingt, Marc Bloch hat recht. Die Vergangenheit kommt nur insoweit zum Vorschein, als wir Fragen an sie stellen. Wir kennen sie nicht, zumindest nicht auf dieselbe Weise, wie wir uns an die Dinge auf unserem Einkaufszettel erinnern.

Wie wir der Vergangenheit begegnen, hängt davon ab, auf welche Weise wir sie erforschen.

Daher besteht die Arbeit eines Historikers eher darin, Fragen zu stellen, als Fakten zu erfassen.

Sie erinnern sich an Ihre Kindheit oder an eine andere wichtige Zeit Ihres Lebens

Genauso verhält es sich, wenn Sie über Ihr eigenes Leben nachdenken.

116

Wenn Sie in Ihrer Kindheit schlimme Erfahrungen gemacht haben, sollten Sie sich ihr ebenfalls mit Fragen nähern, die von Ihrer Gegenwart abhängen.

Vielleicht hatten Sie jahrelang keine Erinnerung an diese Zeit.

Und plötzlich taucht eine schlimme Erfahrung wieder auf. Gewöhnlich ist das kein Zufall.

Wie Sie sehen, ist auch unsere eigene Geschichte keineswegs starr und festgefroren. Nur von Ihrem gegenwärtigen Standpunkt aus können Sie darauf reagieren oder auch nicht, kann diese oder jene Episode Ihres Lebens an die Oberfläche kommen oder auch verborgen bleiben.

Ebenso beurteilen Sie eine Verletzung oder ein anderes Ereignis nicht in jedem Moment Ihres Lebens gleich.

Eine Erfahrung, die Ihnen zu einer bestimmten Zeit schwierig erschien, hat Sie aus heutiger Sicht vielleicht auf einen Weg geführt, der sich als richtig und positiv erwiesen hat.

Mensch sein heißt auch, dass wir unsere eigene Vergangenheit ebenso wie die Vergangenheit der Welt ständig neu denken müssen.

Wie viele von Ihnen war auch ich erschüttert, als ich Notre-Dame brennen sah.

Woran lag das?

Wenn wir glauben, dass Notre-Dame eine auf immer gleich bleibende Bedeutung als französisches Monument des Mittelalters hat, dann stellt sich doch die Frage, warum so viele Menschen, auch jene, die nicht christlichen Glaubens sind oder kein besonderes Interesse am französischen Kulturerbe haben, genauso erschüttert waren wie ich.

Nehmen wir also Marc Blochs Vorschlag auf und fragen wir uns: Was sagt uns Notre-Dame? Nicht gestern, sondern heute?

Man braucht keine Spezialkenntnisse in Architektur, um zu erkennen, dass die Kathedrale hoch aufragt. Sie steht auf atemberaubende Weise für ein Gefühl der Erhabenheit.

Diese Erhabenheit, die Notre-Dame symbolisiert, hat nichts gemein mit der Welt des Handels und ihren Verkehrsflüssen, wie etwa auf einem Flughafen.

Die Kathedrale lädt uns vielmehr dazu ein, etwas zu erleben, das größer ist als wir selbst, das über uns hinausreicht. Und diese Erfahrung kann jeder machen – auf eine Weise, die seiner persönlichen Geschichte, seinem sozialen Hintergrund, seinem Leben entspricht.

Aber die einstürzende Turmspitze versinnbildlicht für jeden Einzelnen von uns den Zusammenbruch der großen Erhabenheit.

Man soll niemandes
Sensibilität verachten.
Eines jeden Sensibilität
ist sein Genie.

CHARLES BAUDELAIRE

Und wenn das Besondere am Menschen nicht seine Vernunft wäre?

Wir glauben automatisch, das Besondere am Menschen sei seine Vernunft. Diese Überzeugung hat eine lange Tradition: Der Körper ist das Niedrige, Minderwertige, während unser Kopf, der höchste Punkt unseres Körpers, uns mit einem Bereich verbindet, den wir als etwas Höheres betrachten.

Aufgrund dieser Vorstellung wollen Erziehung und Bildung uns vor allem die Klarheit der Ideen und der Vernunft vermitteln, ohne unsere allzu körperliche, ungenaue, unklare Sensibilität miteinzubeziehen.

Baudelaires Satz aber stellt diese Vorstellung auf den Kopf: Die Sensibilität ist in seinen Augen keine obskure und verblendete Dimension, sondern ein tiefes, einzigartiges und maßgebliches Wissen.

Sie müssen unbedingt an den Strand!

Sie sind im Urlaub und haben sich vorgenommen, jeden Nachmittag an den Strand zu gehen. Aber haben Sie dazu wirklich Lust?

Eine Freundin von mir hat in den letzten Sommerferien zu ihrer großen Überraschung bemerkt, dass es ihr eigentlich gar nicht gefällt. Nie zuvor hatte sie sich das eingestanden. Sie hatte sich vielmehr gezwungen, einer familiären Gepflogenheit zu folgen.

Es ist nicht leicht, zu erkennen, was man wirklich empfindet.

Viele Leute sind sich nicht im Klaren darüber, was sie mögen.

Sie haben keinen Zugang zu diesem wertvollen Wissen.

Baudelaire aber fordert uns zu einer noch radikaleren Einsicht auf. Die Sensibilität ist nicht nur eine Form von Wissen, sie ist unser ureigenes Genie, das uns hilft, uns im Leben zu orientieren. Wir wählen unseren Beruf schließlich nicht nur nach unseren Fertigkeiten aus, sondern auch aufgrund unserer Sensibilität, die uns zeigt, was uns gefällt, was uns Spaß macht.

Deshalb ist es meines Erachtens auch falsch, wenn wir künftige Ärzte allein nach ihren Noten in Biologie, Physik und Mathematik auswählen und dabei vollkommen ignorieren, ob diese Person auch über Empathie verfügt und ein Gespür für Menschen und ihre Leiden hat.

Natürlich ist naturwissenschaftliche Kompetenz wichtig für gute Mediziner. Sie ist eine notwendige, aber keine hinreichende Voraussetzung. Medizinische Erfahrung, diagnostische Fähigkeiten, die

Gabe, Patienten zuzuhören, mit ihnen zu reden –
auch dies sind notwendige Eigenschaften, die letztlich im Umgang mit Menschen entscheidend sind.
Warum also schenken wir ihnen keine Beachtung?

Unsere Sensibilität zu erforschen ist harte Arbeit.
Und dieser Prozess fällt uns umso schwerer, weil es
uns nicht beigebracht wurde.

In der Schule sind es vermutlich nur die Fächer
Kunst und Musik, wo wir zum Beispiel lernen, was
ein Ton ist und wie er uns berührt, die hier Wege
eröffnen. Aber dieser Unterricht findet nur sehr be-
grenzt statt.

Meditation über die Sensibilität

Wir sollten lernen, unsere Sensibilität einzusetzen.
Für einen ersten Versuch eignen sich alle möglichen Objekte in Ihrem Umfeld – zum Beispiel
etwas Obst.

Besorgen Sie sich ein paar Früchte der Saison.
Und nehmen Sie sich Zeit, um sich auf ihre Präsenz einzulassen.

Nehmen Sie eine Frucht in die Hand. Schnup-
pern Sie daran. Gehen Sie dann zur nächsten über.

Genießen Sie die Farbe des Obstes, die Textur
der Schale.

Vielleicht stellen Sie fest, dass Sie gerne eine Aprikose essen möchten, aber keine Lust auf die Erdbeeren haben. Fantastisch. Das ist schon ein guter Anfang.

Nehmen Sie bewusst Ihre Verbindung zu den Früchten wahr. Lassen Sie sich auf Ihre Sensibilität ein.

Diese kleinen Übungen werden Ihnen helfen, das einzigartige Genie aufzudecken, das Ihnen eigen ist.

Ich staune über die
Existenz der Welt.

LUDWIG WITTGENSTEIN

Die Fähigkeit zu staunen

Ludwig Wittgenstein, einer der größten Philosophen des 20. Jahrhunderts, hat in seinem Leben
nur einen einzigen öffentlichen Vortrag gehalten.
Darin ging es um Ethik.

Am Ende des Vortrags sprach er im Gegensatz
zum Rest seiner Erläuterungen über seine eigenen
Erfahrungen und erklärte, was in seinen Augen der
Sinn des Lebens ist: Über die Existenz der Welt zu
staunen.

Sich Zeit nehmen, um den Himmel
zu betrachten

Streng logisch betrachtet ist dieser Satz sinnlos:
Wir können darüber staunen, dass einer unserer
Freunde ans andere Ende der Welt zieht, weil wir
das nicht erwartet hätten.

Wir können darüber staunen, dass wir ganz
plötzlich einem Hund, der so groß ist wie ein Schaf,
im Innenhof unseres Wohnblocks gegenüberste-
hen.

Anders gesagt, wir staunen, wenn ein sehr un-
wahrscheinliches oder ein beinahe unmögliches Ereignis eintritt.

Doch über die Existenz der Welt zu staunen ist

unlogisch, weil wir uns nicht vorstellen können, dass die Welt nicht existiert.

Lernen wir diesen Unterschied kennen.

Staunen wir zunächst über die Tatsache, dass der Himmel blau und nicht bewölkt ist...

Lassen Sie uns nun über die Tatsache staunen, dass es überhaupt einen Himmel gibt.

Wie Sie sehen, gehört die zweite Erfahrung zu einer vollkommen anderen Kategorie als die erste. Sie verändert radikal unsere gewohnte Weise zu sein, wahrzunehmen und zu denken.

Nur der erste Satz ist logisch sinnvoll, der zweite ist streng genommen »Un-Sinn«. Aber Wittgenstein zufolge sollten wir seine Bedeutung nicht unterschätzen.

Denn er vermittelt uns etwas sehr Tiefgreifendes über jenen überaus persönlichen Sinn im Leben, den Wittgenstein als »Ethik« bezeichnet.

Meditation über das Staunen

Versuchen wir nun einmal, darüber zu staunen, dass die Welt existiert.

Diese Übung mag Ihnen vielleicht abstrakt erscheinen! Dabei ist sie ganz einfach.

Das Schwierige daran ist lediglich, dass wir diese Erfahrung selbst machen müssen.

Es ist, als würde ich Ihnen eine Frucht beschreiben, die Sie noch nie gekostet haben. Je mehr ich Ihnen darüber erzähle, desto verwirrender werden Ihnen meine Ausführungen vorkommen.

Und doch – da werden Sie mir zustimmen – ist die Frucht, von der ich spreche, kein bisschen abstrakt. Man kann sie sogar essen.

Nun, die Philosophie lässt uns ebenfalls unbekannte Früchte kosten. Sie lässt uns die Dinge, unser Leben, unsere Probleme aus einem anderen Blickwinkel betrachten.

Und doch täuschen wir uns auch hier wieder.

Die Philosophie, die uns zu einer neuen Erfahrung einlädt, erscheint uns abstrakt, obwohl sie uns in Wirklichkeit überaus konkrete Dinge vermittelt. Sie will uns dazu veranlassen, dass wir die Perspektive wechseln, unseren Standpunkt, um wirkliche Erkenntnisse zu gewinnen.

Und umgekehrt sperrt jede Philosophie, die uns weise Ratschläge erteilt und sich praktisch gibt, uns nur weiter im Käfig unserer Irrtümer und blinden Flecken ein. Eine solche Philosophie ist tatsächlich abstrakt. Sie hat nichts mit unserer Realität zu tun und geht an unserem Leben vollkommen vorbei.

Der Unterschied zwischen diesen beiden Ansätzen ist lediglich die Fähigkeit, über die Existenz der Welt zu staunen. Nichts mehr einfach für bare Münze zu nehmen.

Und ebendieses Abenteuer ist zutiefst philosophisch, weil es unser Dasein vollkommen verändert.

Von der Erde aus ist die
Kunst der erste Millimeter der
darüber befindlichen Luft.

MARINA ZWETAJEWA

Heutzutage wird die Wirklichkeit häufig auf Zahlen und Statistiken beschränkt: Eine Universität verschwindet hinter den Zahlen des Shanghai-Rankings, Arbeitslose bleiben hinter Arbeitslosenquoten verborgen.

So wird die Welt Schritt für Schritt von den Statistiken ausgelöscht.

Hier kommt ein neuer Fanatismus zum Tragen, der uns wie jede Form von Fanatismus eine einseitige und starre Sicht der Wirklichkeit aufdrängt.

Diese Sichtweise überrollt uns. Wenn wir sie uns zu eigen machen, riskieren wir, zu lebenden Toten zu werden – zu einer Ansammlung von Daten.

Tatsächlich ist die Wirklichkeit das, was wir jeden Tag tun: duschen, Essen zubereiten, mit anderen reden, die ein oder andere Anfrage bearbeiten, nach links und nach rechts schauen, bevor wir über die Straße gehen … Mit Berechnungen und Statistiken hat das nichts zu tun. Es geht dabei vielmehr um eine Dimension der Präsenz.

Allerdings sollten wir noch einen Schritt weitergehen. Die Gegenwart existiert nämlich nur in dem Maß, in dem wir uns für sie öffnen, sie sein lassen. Als ich als junger Mann zum ersten Mal in der Bretagne war, sah ich zu meiner großen Überraschung nichts. Gut, ich sah das Meer, die Felsen, den Himmel. Alles war sehr schön. Aber ich hatte das Gefühl, mich in einer Postkarte zu befinden.

Ich habe mehrere Tage gebraucht, um nicht nur ein reines Bild zu betrachten, sondern mich von dem, was ich sah, innerlich berühren zu lassen.

Wir schaffen es nicht, uns an die Arbeit zu machen

Wie aber gelingt es uns, über die Postkartenbilder hinauszugelangen, unsere gewohnte Sichtweise zu überwinden?

Ganz einfach: indem wir daran arbeiten! Das ist das ganze Geheimnis. Denn wenn wir an etwas arbeiten, haben wir das Gefühl, die Wirklichkeit zu berühren, etwas Wahres, Greifbares, das sich uns erschließt.

Das ist vielleicht schwer zu verstehen, denn eine Arbeit betrachten wir als unerquickliche Schufterei, ja sogar als Strafe. Wir glauben, wir müssten uns zunächst quälen, um später vielleicht davon zu profitieren.

Doch die Arbeit, die uns für das Leben öffnet, ist nicht von dieser Art. Sie basiert vielmehr auf einem Engagement, das unser persönliches Wachstum fördert.

Wir arbeiten daran, ein Musikstück endlich spielen zu können. Wir arbeiten im Garten, um unsere Blumen aufblühen zu sehen. Wir arbeiten daran, unser Kind beim Heranwachsen zu begleiten – ein solches Engagement beschert uns wahres Glück.

In all diesen Fällen treibt unsere eigene Leidenschaft uns dazu an, die Wirklichkeit umfassender kennenzulernen und zu erleben, wie sie ihrerseits auf uns reagiert.

Meditation über das, was uns atmen lässt

Für Marina Zwetajewa ist jede Arbeit letztlich mit einer poetischen Kunst verbunden, die uns hilft, »das Geheimnis der Dinge« zu entdecken. Als Kind sah ich meinem Großvater, der Schneider war, häufig bei der Arbeit zu. Er war in die Realität der Dinge vertieft. Er berührte sie mit einer wunderbaren Kunstfertigkeit. Das war meine Einweihung in die Poesie der Kunst.

Und wie ist es bei Ihnen? Was lässt Sie tief durchatmen?

Ein gängiges Klischee will uns weismachen, dass Poesie entsteht, wenn wir kleine Nichtigkeiten wertschätzen, den gegenwärtigen Augenblick. Das ist eine naive und sehr begrenzte Sicht. Sie lässt Sie nicht atmen!

Sie atmen, wenn Sie nicht in Routinen und Gewohnheiten festhängen, in dem, was berechenbar und vorhersehbar ist. Ohne poetische Kunst ist der gegenwärtige Moment träge, banal und langweilig.

»Von der Erde aus ist die Kunst der erste Millimeter der darüber befindlichen Luft.«

Trage Sorge für dich selbst.

SOKRATES

Dieser Satz fasst das gesamte sokratische Denken zusammen und begründet die abendländische Philosophie. Sokrates geht Tag für Tag auf den Marktplatz und fragt die Menschen, was sie mit ihrem Leben so anstellen.

So lernt er beispielsweise Alkibiades kennen, einen jungen Mann aus gutem Hause, der versucht, eine gute Arbeit zu finden sowie ein angesehener und einflussreicher Mensch zu werden.

Gut, sagt Sokrates, all das ist verständlich. Aber sorgst du denn auch wirklich für dich selbst?

Alkibiades versteht überhaupt nicht, was diese Frage bedeutet.

Und tatsächlich ist sie durchaus irritierend.

Die Gesellschaft verlangt von uns, dass wir ihr unsere ganze Kraft widmen, ja uns mitunter sogar für sie aufopfern. Dieser Mann aber rät uns, Sorge für uns selbst zu tragen!

Das hat die Athener so sehr erzürnt, dass sie Sokrates aus diesem Grund zum Tode verurteilten.

Das Bildungssystem soll effiziente Arbeitskräfte hervorbringen, die dem Arbeitsmarkt willig zur Verfügung stehen, keine freien Menschen, die selbstständig denken.

Jede Ähnlichkeit mit unserer aktuellen Situation ist natürlich nicht zufällig.

140

Sie sind tief beunruhigt

Trage Sorge für dich selbst – Dieser Rat hat unglücklicherweise zwei gravierende Missverständnisse nach sich gezogen, die den Sinn dieser Aussage vollkommen verfälschten.

Das erste Missverständnis besteht darin, dass man die Sorge für sich selbst nur in der vollkommenen Abnabelung von der Welt für möglich hält, also durch einen Rückzug in das, was die Stoiker die »innere Burg« nennen.

Genau das Gegenteil ist aber gemeint! Sokrates rät nicht zu Askese und Weltflucht. Er fordert uns vielmehr auf, uns stärker in der Welt zu engagieren, nicht vor ihr zu flüchten.

Der zweite Irrtum besteht darin, in der Sorge für uns selbst eine Disziplin zur Beherrschung unserer Triebe und Affekte zu sehen.

Bei Sokrates aber zielt die Selbstfürsorge keineswegs auf Selbstbeherrschung ab, sondern auf eine befreiende Verlagerung unserer persönlichen Ausrichtung. Sokrates hält uns nicht dazu an, eine Sicherheit zu fördern, die auf Weisheit und Gelassenheit basiert. Er beabsichtigt vielmehr, unsere Lebenseinstellung komplett auf den Kopf zu stellen.

Wenn Sokrates zu Ihnen käme, um sich mit Ihnen zu unterhalten, wäre das für Sie keine entspannte Situation. Sie würden sich dagegen ziemlich unwohl fühlen.

Waren Sie schon mal tief beunruhigt?

Wunderbar! Das ist der beste Weg, um in die philosophische Erfahrung einzutauchen.

Aber was machen wir mit den Sorgen, wenn es nicht darum geht, sie loszuwerden, um zu innerer Ruhe zu gelangen?

Sokratische Meditation

Um das herauszufinden, lassen Sie uns nun die sokratische Meditation durchführen.

Platon berichtet, dass Sokrates häufig in einer bestimmten Position verharrte, ohne sich zu bewegen. Einmal stand er sogar von einem Sonnenaufgang bis zum nächsten einfach aufrecht da – zur großen Verwunderung aller. Was aber tat er da?

Wenn Sokrates nicht weiterwusste, versenkte er sich ins Zentrum seiner Sorgen. Ohne irgendetwas zu tun. Ohne nach einer Lösung zu suchen.

Wir müssen natürlich nicht so lange reglos verharren. Aber wir können uns in einen Zustand des Nicht-Wissens versetzen. Und in eine Dimension eintauchen, die tiefgreifender ist als alle Standpunkte, Überzeugungen und Identitäten.

Dann kann sich wirklich alles verändern!

Philosophisch zu denken heißt nicht, auf alles eine Antwort zu haben oder über komplexes Wissen zu verfügen. Es geht vielmehr darum, uns von der packenden Notwendigkeit erfassen zu lassen, das zu denken, was jetzt, in diesem Moment, für uns wichtig ist.

Aufmerksamkeit, ein Wunder,
das allen jederzeit zur
Verfügung steht.

SIMONE WEIL

Die digitale Sucht überwinden

Dieser Satz der Philosophin Simone Weil strahlt in einer Zeit, in der uns die industrielle Massenproduktion immer mehr die Fähigkeit zur Aufmerksamkeit raubt, besonders hell.

Zahlreiche wissenschaftliche Untersuchungen zeigen, dass unsere Aufmerksamkeitsspanne immer kürzer wird. Nach etwa neun bis zehn Sekunden schaltet unser Gehirn ab, und wir brauchen einen neuen Reiz, ein neues Signal, einen neuen spannenden Impuls.

Wir dachten, die Digitalisierung fördere unser Wissen und unsere Fähigkeit, Beziehungen zu anderen aufzubauen, in Wirklichkeit aber ist das Gegenteil der Fall.

Eine 2017 veröffentlichte Studie der American Psychological Association zeigt, dass Museumsbesucher im Durchschnitt 28 Sekunden vor einem Kunstwerk verharren. Unter diesen Bedingungen kann der Anblick eines Kunstwerks uns nicht wirklich erfreuen.

Aufmerksam zuhören

Wenn wir das nächste Mal mit jemandem sprechen, sollten wir versuchen, ihm aufmerksam zuzuhören.

Das ist tatsächlich nicht leicht.

Wir wissen nicht so recht, wie uns das gelingt. Gewöhnlich spannen wir die Muskeln an, vor allem im Unterkiefer. Wir glauben, wir müssten die Aufmerksamkeit irgendwie *herstellen*. Aber das führt nur zu noch größerer Anspannung. Was wirklich zählt, ist, für den anderen offen zu sein.

Dazu gehört auch die Akzeptanz einer bestimmten Ungewissheit.

Um zu hören, was der andere uns zu sagen hat, sollten wir uns eingestehen, dass wir nicht im Voraus wissen, was er sagen wird.

Da uns das unangenehm ist, gehen wir dieser Situation im Allgemeinen lieber aus dem Weg. Die Neuen Medien wissen das sehr genau. Sie stützen sich auf das Wissen, das die Neurowissenschaften über unser Gehirn liefern, und überstrapazieren unsere Aufmerksamkeit, damit wir die Ungewissheit nicht mehr spüren müssen.

Aber mit dieser Entlastung geht ein giftiger Stachel einher. Denn auf diese Weise werden wir immer mehr von unserem eigenen Leben abgeschnitten, von dem, was wir fühlen oder wollen. Man beraubt uns unseres Selbst.

Das ist schon ein merkwürdiges Paradox: Je mehr wir unser Handy benutzen, je öfter wir diese oder jene App nutzen, desto leerer und isolierter werden wir.

Und umgekehrt: Je mehr wir einem anderen zuhören und akzeptieren, dass wir nicht schon im Vorhinein wissen, was er uns sagen will, desto tiefer und ehrlicher wird unsere Beziehung zu ihm und desto mehr finden wir uns selbst wieder.

Meditation über einen Baum

Was also tun?

Wir sollten wieder lernen, unsere Aufmerksamkeit zu fördern, indem wir Mikromeditationen einlegen, zum Beispiel über einen Baum.

Beginnen Sie damit, einen Baum zu betrachten, und staunen Sie über sein Dasein.

Ergründen Sie dann Schritt für Schritt seine Einzigartigkeit. Was ist an ihm ungewöhnlich?

Hat er eine besondere Form, eine ganz eigene Art, das Licht einzufangen, besondere Farben?

Achten Sie darauf, wie sich Ihr Fokus verlagert, sodass nicht mehr Sie selbst im Zentrum stehen, sondern der Baum immer mehr in den Mittelpunkt des Geschehens rückt!

Es ist eine tröstliche Erfahrung, uns für den Baum öffnen zu können, so wie wir uns für einen Menschen öffnen, ihm zuhören, ihm wahrhaft begegnen.

Die Aufmerksamkeit ist tatsächlich ein Wunder, das uns jederzeit zur Verfügung steht.

Wenn ich kein Blau habe,
nehme ich Rot.

PABLO PICASSO

Dieser Satz von Pablo Picasso scheint auf den ersten Blick eine allzu schnelle Kapitulation zu sig-
nalisieren.

In Wirklichkeit aber ist das nicht der Fall. Denn
wer Rot anstelle von Blau verwendet, greift nicht
einfach nur zu einer anderen Farbe, sondern akzeptiert in diesem Moment, dass er alles von Grund
auf neu gestalten muss.

Picasso weiß, dass Malen eine Form des Kom-
ponierens ist, dass es zu entdecken gilt, wie man
Dinge zueinander passend anordnen kann.

Komposition, das ist ein echtes Malerwort. Dabei
komponieren wir in unserem Leben ständig, wenn
wir nämlich Entscheidungen treffen, bei denen wir
eine ganze Reihe von Parametern beachten müssen.
Wir überlegen, wen wir zum Abendessen einladen
oder was unseren Kindern angesichts der Tempera-
turen, die draußen herrschen, Spaß machen könnte.

Wenn wir den Mut verlieren, weil wir kein Blau
mehr haben, und unsere Arbeit einstellen, dann
liegt das daran, dass wir alles viel zu eng sehen.
Wir glauben fälschlicherweise, dass es nur eine
Möglichkeit gibt und dass wir, wenn uns diese ver-
baut ist, keine andere Lösung mehr finden werden.

In Wirklichkeit stimmt das nie. Es gibt immer

andere Möglichkeiten, die wir nur noch nicht in Betracht gezogen haben.

Sie haben für diesen Sommer einen Besuch bei Freunden geplant, die Ihnen urplötzlich mitteilen, dass sie keine Zeit haben

Sie wollten diesen Sommer unbedingt Freunde besuchen. Alles ist schon organisiert, da erhalten Sie einen aufgeregten Anruf: Nein, es geht einfach nicht. Ein Wasserrohrbruch, ein krankes Kind, ein Todesfall in der Familie ...

Sie sind am Boden zerstört. Was sollen Sie denn jetzt tun?

Denken Sie an Picasso.

Wenn ich kein Blau habe, nehme ich Rot.

Versuchen Sie nicht, Ihr Projekt durch ein anderes zu ersetzen. Arrangieren Sie lieber alles völlig neu. Sie werden dabei eine Entdeckung machen, die Sie vermutlich selbst überrascht.

Philosophisch betrachtet ist das spannend, denn genau darin liegt die vergessene Bedeutung der Freiheit. Wir meinen heutzutage, frei zu sein sei gleichbedeutend damit, zu tun, was einem Spaß macht. Aber wenn wir jemanden anbrüllen, weil wir entnervt sind, sind wir dann frei? Nein.

Wir sind frei, wenn wir uns von automatischen, gewohnheitsmäßigen Verhaltensweisen befreien. Wir sind frei, wenn wir die Situation, in der wir uns befinden, wirklich wahrnehmen können. Wir sind frei, wenn wir bereit sind, uns mit ihr zu arrangieren.

Meditation über die Kreativität

Versuchen wir nun, diese subtile Kunst zu erlernen.

Wählen Sie dafür eine gewöhnliche Alltagssituation aus: die Mahlzeit, die Sie gerade für den Abend zubereiten, oder eine Präsentation, die Sie überarbeiten müssen.

Ihr erster Reflex ist wahrscheinlich, nach neuen Ideen zu suchen und sich dabei den Kopf zu zerbrechen. Und in kürzester Zeit sind Sie vollkommen blockiert. Nichts geht mehr.

Und wenn Sie stattdessen dem Rat Picassos folgen und lernen, sich zu arrangieren?

Zu diesem Zweck sollten Sie die Situation erst einmal eingehend erfassen: Welche Vorräte haben Sie in der Küche? Welche Lebensmittel, welche Gewürze? Vielleicht kommt Ihnen jetzt schon eine Idee. Oder Sie gehen auf den Markt und halten dort Ausschau nach frischen, saisonalen Produkten.

Auf diese Weise lernen auch Sie, kreativ zu sein: Verändern Sie die Perspektive. Betrachten Sie die Realität aus verschiedenen Blickwinkeln. Wenn Sie kein Blau haben, nehmen Sie Rot. Das klappt wunderbar.

Der moderne Mensch lebt
in einer Welt, in der sein
Geist und seine Tradition des
Denkens nicht einmal mehr
fähig sind, adäquate, sinnvolle
Fragen zu stellen.

HANNAH ARENDT

Wenn die Diktatur der Rentabilität uns bedroht

Hannah Arendt will uns hier von einem weitverbreiteten Irrtum befreien: dass der Mensch nämlich überall und jederzeit der gleiche bleibt.

Dem ersten Anschein nach klingt diese These recht großzügig.

Aber sie verhindert auch den klaren Blick auf das spezielle Leiden, dem wir ausgesetzt sind.

Was aber ist für unsere Zeit typisch, was wir gedanklich nicht erfassen können?

Unser Leiden rührt daher, dass wir nur das als real erachten, was wir genau berechnen, verbuchen und als Daten erfassen können.

Ein Baum ist ein CO_2-Speicher, dessen Ertrag wir durch geeignete Maßnahmen verbessern können. Das führt dazu, dass heute in Frankreich artenreiche Mischwälder zerstört und durch Monokulturen ersetzt werden, die angeblich rentabler sind.

Und wie sieht es bei den Tieren aus?

Die sind eine Kalorienreserve. Und Ställe in Form von Todesfabriken ermöglichen uns, die Produktion ständig zu erhöhen.

Und der Mensch?

Auch er ist eine »Ressource«, die man richtig verwerten muss, um maximalen Profit zu erzielen.

Der Mensch im Mittelalter war noch ein anderer.

Für ihn war real, was Gott geschaffen hatte. Aus diesem Grund sprach der Heilige Franziskus mit Bäumen und Vögeln und bezeichnete sie als seine Brüder.

Für uns sieht die Welt heutzutage anders aus.

Sie stehen kurz vor dem Burn-out

Die richtigen Fragen zu stellen schafft Klarheit im Kopf. Angenommen, Sie spüren, dass Sie kurz vor einem Burn-out stehen.

Daraufhin erklärt man Ihnen, dass Sie Techniken zur Stressbewältigung erlernen sollten.

Das ist ein gutes Beispiel für eine vollkommen falsche Analyse der Situation.

Denn das Problem liegt ganz woanders. In Wirklichkeit sind Sie Opfer von Managern, die Sie maximal rentabel machen wollen und verleugnen, wer Sie sind. Und das haben Sie nun gründlich satt.

Machen Sie sich bewusst, dass genau die gleichen Manager auch Krankenhäuser, Versicherungsgesellschaften oder Luftfahrtunternehmen leiten. Es ist ihnen offensichtlich völlig egal, um welche Branche oder welchen Bereich es sich handelt.

Und man verlangt von Ihnen, dass Sie sich selbst auf die gleiche Weise managen sollten! Das ist doch einfach nur verrückt.

Meditation über einen Spaziergang

Wir sind mittlerweile schon viel zu gefangen in dieser Rentabilitätsobsession.

Betrachten wir zum Beispiel einen einfachen Spaziergang. Diese simple Aktivität ist mittlerweile auch ins Visier des Rentabilitätsdenkens geraten.

Die App auf unserem Handy zeigt uns, wie viele Schritte wir machen, wie hoch die Sauerstoffsättigung unseres Blutes ist und wie viele Kalorien wir verbrauchen.

Und ruckzuck genügen wir den Anforderungen nicht mehr. Und das einfache Glück, Zeit zu haben, etwas für sich zu tun, ist entschwunden.

Hannah Arendt hat recht: Eine Weisheit, die unsere historische Wirklichkeit nicht berücksichtigt, kann uns nicht weiterhelfen. Sie zerstört uns vielmehr. Und genau das findet aktuell statt.

Wir brauchen die Philosophie heute, damit wir wieder lernen können, genau solche einfachen Fragen zu stellen.

Ich schicke einen Topf mit
Konfitüren, um eine sauere
Geschichte loszuwerden.

FRIEDRICH NIETZSCHE

Konfrontationen vermeiden

Nietzsche schlägt uns vor, bestimmten Dingen aus dem Weg zu gehen.

Angesichts einer schwierigen, aggressionsgeladenen Situation einen Zusammenstoß um jeden Preis zu vermeiden.

Warum empfiehlt er uns das?

Weil wir uns in Wirklichkeit zu Gefangenen dessen machen, wogegen wir uns wehren, selbst wenn wir der Meinung sind, dass wir uns lediglich verteidigen.

Jemand beleidigt uns oder brüllt uns an: Wenn wir nun zurückschreien oder den anderen ebenfalls beschimpfen, sind wir in die gleiche Falle getappt, die er uns gestellt hat.

Wenn wir ein Problem überwinden wollen, müssen wir viel subtiler vorgehen.

Sie sind wütend auf jemanden, der Ihnen übel mitgespielt hat.

Stellen Sie sich folgende Situation vor: Jemand, den Sie für einen Freund gehalten haben, hat Sie schlechtgemacht und hintergangen.

Wie vermeiden Sie es nun, Ihren Rachegelüsten zu folgen?

160

Wie gehen Sie mit dem Zorn um, den Sie natürlich empfinden?

Nietzsche zufolge ist es wichtig, eben nicht in die Falle zu tappen, die sich vor Ihren Füßen auftut.

Nur, wie lässt sich diese umgehen?

Schließlich wollen Sie sich nicht auf der Nase herumtanzen lassen.

Natürlich nicht.

Sie sollten sich von der Vorstellung lösen, dass Sie nur eine Wahl zwischen Konfrontation oder Erdulden haben.

Nietzsche rät Ihnen hier zu mehr Kreativität.

Er schlägt Ihnen vor, einen Topf Konfitüre zu schicken, natürlich nicht an die Person, die Ihnen geschadet hat – so dumm sollte man nicht sein. Der Topf Konfitüre wird dagegen über das Saure der Situation gekippt.

Ein bisschen Konfitüre, um zu versüßen, was Sie auf die Palme bringt, verstrickt, gefangen nimmt. Es geht darum, Sie zu befreien.

Tatsächlich gibt es zwei Möglichkeiten, auf solche Probleme zu reagieren.

Jemand sagt »schwarz« zu Ihnen, Sie antworten mit »weiß«. Sie glauben, das Gegenteil von Ihrem Kontrahenten zu sagen, in Wirklichkeit aber sind Sie innerhalb der Grenzen gefangen, die er gesteckt hat.

Und wenn Sie diesen Gegensatz stattdessen

infrage stellen? Warum muss es denn unbedingt Schwarz oder Weiß sein? Es gibt schließlich unzählige Nuancen dazwischen…

Meditation über das reine Gefühl

Rufen Sie sich irgendeine Situation ins Gedächtnis, die Sie gestresst oder wütend gemacht hat. Sie wollen reagieren, wollen sich dieser Situation stellen, sie aus der Welt schaffen – selbst auf die Gefahr hin, dass Sie grob werden müssen.

Versuchen Sie nun, aller Frustration, aller Wut zum Trotz, an etwas zu denken, was Ihnen wirklich Freude macht. Etwa an eine schöne Erinnerung, einen Augenblick der Erfüllung.

So können Sie sich von Ihren Ressentiments lösen und stattdessen zum Gefühl vordringen.

Wenn wir Ressentiments gegenüber jemandem haben, ist das eine Reaktion, die uns einschränkt, zum Grübeln bringt und sich dem lebendigen Fluss des Lebens entgegenstellt.

Geben wir dagegen unserem Gefühl Raum, fördern wir mit dieser Reaktion alles, was unserem Leben Weite schenkt, Farbe, Freude, Entfaltung.

Nietzsche gibt uns hier keinen banalen Rat, wie wir unser Verhalten verbessern sollten. Er fordert uns vielmehr auf eine grundlegende Weise dazu auf, unser Dasein anders zu verstehen. Zu begreifen, dass Existieren heißt, im Gleichklang mit dem Leben zu sein, Ja dazu sagen zu können, unsere Neigung zu überwinden, ihm etwas zu verübeln.

Wir können viel von der Philosophie lernen, wenn wir uns auf solch tiefgehende Erfahrungen einlassen.

Die Sprache kann ein
Schlachtfeld sein, ein Ort der
Unterdrückung, aber auch ein
Ort des Widerstandes.

TONI MORRISON

Toni Morrison, eine der größten afroamerikanischen Schriftstellerinnen, weist uns darauf hin, dass eine der brutalsten Formen der Gewalt der Sprache entspringt.

Mir kam diese Einsicht, als ich den deutschen Linguisten Victor Klemperer las. Als Hitler an die Macht kam, musste Klemperer im Untergrund leben. Er führte ein geheimes Tagebuch, in dem er genau beschreibt, wie die Nazisprache, die Sprache, die jeder verwendete, von Goebbels bis zu den Menschen auf der Straße, von den Funktionären der Gestapo bis zu den Juden selbst, wie diese Sprache also verhinderte, dass man erkannte, welches Übel tatsächlich am Werk war. Klemperer schreibt: »Worte können sein wie winzige Arsendosen: Sie werden unbemerkt verschluckt, sie scheinen keine Wirkung zu tun, und nach einiger Zeit ist die Giftwirkung doch da.«

So sprach man von »Elementen«, wenn es um die Menschen in den »Konzentrationslagern« ging, die man »liquidierte«. Oder von Arbeitern, die »auf Hochtouren« arbeiten sollten.

Toni Morrison ihrerseits zeigt auf, dass Menschen aus Afrika, »Schwarzafrikaner«, in der Literatur mit Begriffen wie »wild«, »unschuldig«, »folgsam«, aber auch »brutal« charakterisiert wurden. Dass diese Eigenschaften sich gegenseitig widersprachen, war hierbei nicht von Belang. Es ging ja nicht darum, den Anderen wirklich kennenzulernen, sondern nur darum, ihn einzustufen und in eine Schublade zu stecken – und zu negieren, wer diese Person wirklich war.

Allerdings erkennen wir dieses Problem nicht, weil wir glauben, die Sprache sei ein neutrales Kommunikationsmittel. Die Sprache ist jedoch ein Schlachtfeld, ein Ort des Widerstandes. Sorgsam die eigenen Worte zu setzen ist ein politischer Akt.

Wir können nicht unabhängig von unseren Worten denken. Sie prägen unsere Art des Denkens. Es gehört zur Aufgabe der Philosophie, uns das immer wieder bewusst zu machen.

Müssen wir unseren Stress tatsächlich »managen«?

Betrachten wir den auf den ersten Blick so unschuldig wirkenden Begriff des »Stressmanagements«.

In Wirklichkeit zeigt er sehr schön, wie gewaltsam unsere Zeit ist.

Dieser Begriff reduziert uns Menschen auf eine

167

Art von »Humankapital«, das man durch ein besseres Management beruhigen kann.

Aber die Menschen leiden nicht deshalb, weil sie ihren Stress nicht managen, sondern gerade weil sie ihn unbedingt managen wollen und sich so immer mehr davon entfernen, was sie als Menschen ausmacht.

Wenn ich auf solche Probleme hinweise, könnte man das für Wortklauberei halten. Das ist jedoch keineswegs der Fall. Worte manipulieren uns und verhindern, dass wir die Gewalt erkennen, die uns beherrscht und uns jetzt und hier unserer Menschlichkeit beraubt. Dabei verlange ich keinen akademischen Respekt vor der Sprache. Für gewöhnlich sind es ja die Dichter oder Schriftsteller, die die Sprache auf den Kopf stellen und es am besten verstehen, die richtigen Worte für unsere Erfahrung, unser Erleben zu finden.

Meditation über Stress

Wie würden Sie Ihren Stress bezeichnen?

Was bedeutet der Begriff für Sie? Welches Verhältnis haben Sie zu ihm? Wie erleben Sie ihn?

Versuchen Sie nun wahrzunehmen, was Sie empfinden, wenn ich Sie dazu auffordere, Ihren Stress zu managen oder zu bewältigen.

Und wie fühlen Sie sich, wenn ich Sie dagegen bitte, ihm offen zu begegnen, ihn zu besänftigen …

»Die Sprache kann ein Schlachtfeld sein, ein Ort der Unterdrückung, aber auch ein Ort des Widerstandes.«

Ich habe Jahre gebraucht,
um all die Schweinereien
auszukotzen, die man
mir über mich selbst
beigebracht hat.

JAMES BALDWIN

Dieser Satz ist repräsentativ für die Schärfe, die James Baldwins Stil prägte, wenn er seine leidhaften Erfahrungen als Afroamerikaner in den Vereinigten Staaten in den 1940er- und 50er-Jahren schilderte.

Aber seine Analyse betrifft uns alle. Die schlichte Tatsache, nicht so zu sein wie der Rest, nicht der richtigen Ethnie anzugehören, nicht die richtige sexuelle Orientierung zu haben, anders zu sein, eine Behinderung zu haben, eine Frau zu sein in einer Welt, in der die Macht in den Händen von Männern liegt, Vorlieben und Neigungen zu haben, die nicht den gesellschaftlichen Normen entsprechen – all das führt dazu, dass wir uns schuldig fühlen.

Dieses Leid aber ist nicht psychischen, sondern politischen Ursprungs.

Auch wenn wir das normalerweise nicht so sehen, weil unsere Vorstellung von Politik gewöhnlich sehr abstrakt ist. Wir glauben, es gehe dabei nur um gegensätzliche Ideen oder Überzeugungen. In Wirklichkeit aber bekommen wir die Politik in manchen Fällen direkt am eigenen Leib zu spüren. Sie prägt uns und verletzt uns, weil sie uns an ihre Lügen glauben lässt.

Welches Bild von uns haben wir verinnerlicht?

Welches verletzende Bild von uns haben wir verinnerlicht? Welche Bewertungen und Vorurteile haben andere an uns herangetragen?

Häufig fällt es uns schwer, das zu erkennen, weil wir uns dessen meist nicht bewusst sind.

Und das hat seinen Grund. Wir Menschen sind sehr verletzlich. Wir glauben nur zu leicht, dass wir selbst daran schuld sind, wenn wir Gewalt erleben.

Ein Kind, das von seinen Eltern misshandelt wird, glaubt – entgegen jeder Logik, jeder Realität –, es sei für das Leid, das es erfährt, selbst verantwortlich. Ein Kind, das von seiner Mutter verlassen wird, denkt vielleicht, es sei alles sein Fehler – es habe die mütterliche Liebe nicht verdient.

Und solche Gedanken pflanzen sich fort bis ins Erwachsenenalter. Das Kind in uns sehnt sich danach, endlich perfekt zu werden, es opfert sich für andere auf in der Hoffnung, endlich Akzeptanz, Liebe, Anerkennung zu finden. Doch diese Bemühungen bleiben fruchtlos und führen uns nur immer weiter fort von unseren eigentlichen Wünschen.

Meditation zur Rückeroberung der eigenen Würde

Doch wie erlangen wir unsere Würde zurück, die man uns geraubt hat? Zu diesem Zweck müssen wir, wie Baldwin schreibt, alles auskotzen.

Dies ist ein ehrwürdiger Akt! Ganz recht!

Denn so erlangen wir unsere Würde zurück. Wenn wir krank sind, wenn wir etwas Giftiges gegessen haben, müssen wir uns ebenfalls übergeben, um unseren Magen zu entleeren.

So können wir wieder gesund werden. Dasselbe gilt für toxische Gedanken.

Entdecken Sie also die außergewöhnlichste Form der Meditation, die Meditation des edlen Erbrechens.

Es ist ganz einfach. Rechtfertigen Sie sich vor allem nicht. Erklären Sie nichts. Verteidigen Sie sich nicht. Befreien Sie sich von all dem Schmutz. Nehmen Sie sich vor, künftig nichts mehr zu schlucken, was nicht zu Ihnen gehört.

Das Gefühl, nicht gut genug zu sein, schuldig zu sein, gehört nicht zu Ihnen. Werfen Sie es ab. Wehren Sie sich gegen das Bild, das man Ihnen aufzwängen will, um Sie zu unterdrücken. Verinnerlichen Sie es nicht.

Sie sind nicht verantwortlich für die Gewalt, die Ihnen widerfährt, aber Sie haben die Aufgabe, sich davon zu befreien.

174

Das Leben verwöhnt jene,
die es leben wollen.

MAYA ANGELOU

Mut haben

Maya Angelou war im Bereich der Kunst und Politik der Vereinigten Staaten eine große moralische Autorität. 1993 bat sie der demokratische Präsident Bill Clinton, bei seiner Amtseinführung eines ihrer Gedichte vorzutragen.

Es war ein historischer und bewegender Moment, als die afroamerikanische Frau, die in extremer Armut aufwuchs und mit zahlreichen schweren Belastungen zu kämpfen hatte, nach vorne ging und voller Entschlossenheit, Kraft und Mut vor dem vereinigten Amerika das Wort ergriff.

Sie werden Opfer von Geringschätzung oder Verachtung

Vielleicht haben auch Sie wie Maya Angelou unter der Verachtung anderer gelitten, weil Sie sich aufgrund Ihrer Religion, Ihrer sozialen Schicht oder Ihrer Bildung von anderen unterscheiden.

Dann werden die Worte von Maya Angelou Sie inspirieren, denn sie zeigen, dass wir uns auf keinen Fall in eine Opferrolle drängen lassen dürfen. Oder wie sie es ausdrückt: »Jammere nicht! Wer jammert, signalisiert den Rohlingen nur, dass da ein Opfer auf sie wartet. Und stirb nicht, ohne etwas absolut Wunderbares für die ganze Menschheit getan zu haben.«

Hören wir also auf, Dinge zu sagen wie: »Ich kann das nicht, weil ich als Kind misshandelt wurde.« Oder: »Ich werde diesen Job nie bekommen, weil ich diskriminiert werde.« Oder: »Ich werde die Beförderung nicht bekommen, denn mein Chef kann mich nicht leiden.«

Die Opferrolle lähmt uns und vermittelt uns ein Gefühl der Hilflosigkeit. Daher sind wir der Meinung, wir hätten keine Möglichkeit, irgendetwas zu bewirken. Die Tür wird uns vor der Nase zugeschlagen. Und wir hängen in unserem Leid fest, sind Gefangene unseres Gejammers.

Oder wie Maya Angelou in einem ihrer berühmtesten Gedichte schreibt:

Schöne Frauen fragen sich
Was mein Geheimnis ist.
Ich bin nicht hübsch
Schon gar kein Model
Aber wenn ich es ihnen dann erzähle,
Glauben sie, ich würde lügen.
Ich sage, mein Geheimnis liegt
In der Reichweite meiner Arme,
In der Spanne meiner Hüften,
In der Länge meiner Schritte,
Im Schwung meiner Lippen.
Ich bin als Frau

Ein Phänomen.
Eine phänomenale Frau,
Das bin ich. *

Meditation über das Selbstbewusstsein – oder wie man sich selbst zum Strahlen bringt

Auch Sie sollten lernen, sich nicht ständig für Ihr Sein zu entschuldigen.

Man kann sich entschuldigen, wenn man etwas Falsches getan hat – aber nicht für das eigene Sein.

Welche Fehler, welche Unzulänglichkeiten man Ihnen auch vorwerfen mag, entschuldigen Sie sich nicht dafür, dass Sie so sind, wie Sie sind.

Um sich selbst den Rücken zu stärken, denken Sie an eine Ihrer guten Eigenschaften oder an etwas Nettes, Freundliches, was Sie getan haben, und sei es eine noch so kleine Geste. Vielleicht haben Sie einer Nachbarin geholfen, einem Kollegen einen Gefallen getan, sind einem Unbekannten bei einer Autopanne zu Hilfe geeilt. Was es auch sein mag, seien Sie stolz darauf.

---

* Maya Angelou, »Phenomenal Woman«, in: *And Still I Rise*, New York 1978

Das ist Ihr Anker. Er wird Ihnen helfen, Ihre leidvolle Situation zu verändern und Ihnen den Mut verleihen, etwas Gutes für andere und die ganze Welt zu tun.

Maya Angelou zeigt uns, dass sie eine phänomenale Frau ist, weil jeder Mensch außergewöhnlich ist. Wenn wir uns erlauben, ganz wir selbst zu sein, unabhängig von unseren Erfolgen, finden wir den leidenschaftlich glühenden Schatz der Menschlichkeit, der in jedem von uns ruht und das Beste in uns hervorbringt.

Milde Gaben verletzen den,
der sie empfängt.

MARCEL MAUSS

Schluss mit dem Moralismus und der betulichen Wohltätigkeit

Wir werden dazu angehalten, wohltätig, großzügig oder sogar altruistisch zu sein. Man wirft uns sogar vor, wir wären es nie in ausreichendem Maße.

Aber was ist, wenn solche Forderungen uns in eine falsche Richtung führen?

Ich möchte Sie gewiss nicht dazu anhalten, egoistisch und anderen gegenüber gleichgültig zu werden.

Aber ich möchte Ihnen eine einfache Frage stellen: Warum sind milde Gaben für den, der sie empfängt, verletzend?

Ein Freund lädt Sie zum Essen ein

Ein Freund lädt Sie zum Essen ins Restaurant ein. Sie nehmen die Einladung an, bestehen aber darauf, den Wein zu bezahlen.

Ist das nicht dasselbe, als würden Sie sich gleich die Rechnung teilen?

Keineswegs, denn jeder von Ihnen schenkt dem anderen etwas.

Und warum sagt mir eine Freundin, die ehrenamtlich bei einer Organisation arbeitet, die also gibt,

182

ohne je etwas dafür zu erwarten: »Ich gebe nur zurück, was das Leben mir geschenkt hat. Ich habe so viel bekommen.«?

Seltsame Formulierung. Als wolle sie zeigen, dass sie nichts Besonderes tut. Tatsächlich spiegelt genau das ihre Einstellung wider.

Warum aber wollen wir einem anderen nichts schuldig bleiben?

Warum möchten wir immer etwas zurückgeben, wenn wir etwas bekommen haben?

Wären wir nur an Geld und Macht interessiert, würden wir uns anders verhalten.

Es gibt also etwas, das wichtiger ist als das Anhäufen von Kapital: die Verbindung zwischen uns und unseren Mitmenschen.

Das lässt uns die Wirklichkeit unseres Daseins zutiefst begreifen.

Und aus diesem Grund sind milde Gaben verletzend: Ein Geschenk, das wir nicht erwidern können, isoliert uns. Es trennt uns von den anderen. Es beraubt uns des Ankers im Netz unserer Beziehungen.

Sie bringen dem Kollegen, der Ihnen einen Riesengefallen getan hat, eine Schachtel Pralinen mit. Diese einfache Geste hat eine immense philosophische Bedeutung. Sie verdeutlicht, dass die gängige Vorstellung, eine Gabe müsse immer selbstlos und ohne jegliches daran geknüpfte Interesse erfolgen, falsch ist.

Sie möchten sich bedanken. Aber das macht Ihr Geschenk nicht zu einer milden Gabe.

Durch Ihr Geschenk geben Sie dem anderen vielmehr etwas sehr Wichtiges zu verstehen: Ihnen liegt etwas an diesem Menschen, und Sie würdigen Ihre tiefere Verbindung zu ihm.

Wir glauben, wir müssten rein und selbstlos lieben und schenken. Damit huldigen wir einem Ideal der Aufopferung. In Wirklichkeit aber ist dieses Ideal falsch, verlogen und ungesund. Es gibt keine reine Liebe. Und kein reines Geschenk. Zum Glück.

Es wird Zeit, dass wir lernen, in der Wirklichkeit zu leben und zu erkennen, dass wir immer in Beziehung zu anderen stehen.

Diese Erkenntnis zieht vielfältige Konsequenzen nach sich. So zeigt sie zum Beispiel, welche Wurzeln die Gewalt hat, die in unserer heutigen Gesellschaft herrscht. Einem arbeitenden Menschen einfach nur ein Gehalt auszuzahlen, ohne anzuerkennen, wer er ist, welches Engagement er zeigt, was er von seiner Persönlichkeit in die Arbeit einfließen lässt, ist ein Akt der Gewalt. Weil er nicht als Person wahrgenommen wird. Was das zur Folge hat, zeigen zahlreiche wissenschaftliche Untersuchungen. Der beste Weg, um einem Burn-out vorzubeugen, besteht darin, seinen Mitarbeitern Anerkennung entgegenzubringen. Geben zu können. Sich erkenntlich zu zeigen. Sich zu bedanken.

Marcel Mauss hatte recht: »Milde Gaben verletzen den, der sie empfängt.«

Es wird Zeit, daraus die nötigen Konsequenzen zu ziehen, auf gesellschaftlicher ebenso wie auf ethischer und politischer Ebene. Wir sind Wesen, die zueinander in Beziehung stehen, und kein Kapital, das es zu managen gilt.

Man muss nur in Spanien
sein, um jede Lust
zu verlieren, spanische
Schlösser zu bauen.

MADAME DE SÉVIGNÉ

Der französische Ausdruck »spanische Schlösser bauen« findet sich schon im 13. Jahrhundert. Er hat seine Wurzeln darin, dass es damals in Spanien auf dem Land einfach keine Schlösser gab. Daher fanden die Mauren keine geeigneten Unterkünfte, um ihren Rückzug zu sichern.

Später wurde dieser Begriff zur Metapher für alles, was nicht machbar ist, für die Luftschlösser unseres Lebens. Wir träumen von all den Dingen, die uns glücklich machen würden – aber da sie uns von der Realität entfernen, machen sie uns nur unglücklicher.

Die besagte Einstellung erinnert stark an den Glauben an einen allmächtigen Babysitter, eine Art kosmisches Kindermädchen, das sich um uns kümmert, uns beschützt und all unsere Probleme löst.

Mitunter hat die Religion aus Gott eine von solch infantilen Vorstellungen geprägte Figur gemacht.

Im Bereich der Politik waren es Hitler und Stalin, die gottgleich alle Schwierigkeiten in Ordnung bringen sollten.

Appsüchtig

Heutzutage ploppen auf unseren Handys ständig solche Luftschlösser auf.

Unterschiedlichste Apps gaukeln uns vor, wir könnten »unser Leben verbessern«, wenn wir »dieses oder jenes Produkt kaufen«, »uns auf eine bestimmte Weise präsentieren« und »ein genau festgelegtes Gewicht erreichen«. Dennoch sind wir nicht glücklicher geworden. Darüber hinaus haben Depressionen und der allgemeine Leidensdruck ungeheure Ausmaße erreicht.

Die Weisheit der Madame de Sévigné weist uns auf den Kern einer Illusion hin: Es gibt in Spanien keine Schlösser. Sobald man das einmal gesehen hat, ist man frei. Das ganze Problem besteht darin, dass wir an diese Luftspiegelungen glauben, denn dann sind wir wirklich davon überzeugt, dass dieser Mangel der Grund für unsere Unsicherheit ist.

Dieses Pseudo-Grenzenlose, das wir suchen, kann uns keinesfalls erfüllen. Vielmehr fördert es unsere Angst und hindert uns daran, uns darüber zu freuen, welche Möglichkeiten uns unsere Situation bietet.

Meditation für mehr Erfüllung

Aber wie erkennen Sie, ob Ihr Wunsch nach Veränderung, nach Wachstum, nach Lernen von einer solchen Illusion gespeist wird?

Um das herauszufinden, sollten Sie sich auf eine Reise begeben. Sie sollten dabei nicht einfach aufbrechen, nur um unterwegs zu sein, sondern versuchen, vorher festzulegen, welche Dinge Ihre Reise zu einem Erfolg machen würden.

Wir nehmen uns gewöhnlich nicht die Zeit, um zu überlegen, was wir erleben wollen. Wir denken vielmehr, wir müssten alles gesehen haben. Wir reisen für zwei Tage nach Venedig und für eine Woche nach Thailand. Und dann kehren wir zurück mit dem Gefühl, dass alles viel zu schnell vorbeigegangen ist.

Was aber würde Ihnen denn wirklich ein Gefühl der Erfüllung schenken? Die Besichtigung eines bestimmten Kunstwerks, unerwartete Begegnungen, der Besuch bei einem Freund, Spaziergänge in der Natur, endlich mal absolut gar nichts zu tun?

Wenn Sie den Horizont Ihrer Reise zu Beginn abstecken, werden sich Ihre Erlebnisse und Erfahrungen vollkommen verändern, sodass Sie tief befriedigt nach Hause zurückkehren.

Damit wir Erfüllung finden, braucht unsere Reise das, was die Philosophen eine Zweckbestimmung nennen – eine Richtung und ein Ziel. Darin liegt der Schlüssel für das Gelingen der Reise.

Wenn wir uns gewisse Grenzen setzen, schränken wir uns keineswegs ein. Wir stoßen vielmehr die Tür zum wahren Glück auf!

Dummheit besteht darin,
alles unter Dach und Fach
bringen zu wollen.

GUSTAVE FLAUBERT

Wir halten es für nötig, Dinge zum Abschluss zu bringen. Schließlich ist es doch toll, wenn wir – statt lange herumzutrödeln – eine Arbeit beenden und uns der nächsten Aufgabe widmen können.

Warum also denkt Flaubert genau das Gegenteil?

Weil wir, wenn wir etwas unbedingt abschließen *wollen* – indem wir die Tür hinter uns zumachen, beschließen, dass in diesem Moment Schluss ist, dass nichts mehr zu sagen und zu bedenken ist –, die Situation gleichsam einfrieren.

Die Wissenschaft beweist uns das. Sie arbeitet fortwährend daran, endgültige Schlussfolgerungen zu vermeiden. All ihre Ergebnisse sind von Natur aus vorläufig. Damit eine Wahrheit wissenschaftlich ist, muss sie hinterfragbar sein, sonst wäre sie keine Wahrheit, sondern ein Dogma.

Unsere Theorien über die Entstehung des Universums sind also keineswegs endgültig, sie spiegeln lediglich den aktuellen Stand unseres Wissens wider, das eines Tages wieder infrage gestellt wird, um vertieft und revidiert zu werden.

Mit etwas abschließen heißt in diesem Sinne auch, dass wir aufhören zu denken.

Sie streiten sich mit Ihrer Partnerin

Sie haben eine Auseinandersetzung mit Ihrer Partnerin.

Sie eröffnet Ihnen aus heiterem Himmel, dass sie ihre Arbeit aufgeben will, um etwas Neues anzufangen. Sie aber sehen das damit verbundene Risiko und halten ihren Plan für eine Laune.

Ihre Absicht, die Sache zu einem Abschluss zu bringen, führt zu einer verfahrenen Situation. Sie wollen Ihrer Partnerin vor allem erklären, warum sie sich irrt. Die Auseinandersetzung wird allmählich hitziger. Schließlich streiten Sie beide lautstark.

Wäre Ihnen eine Versöhnung nicht lieber?

Das ist gar nicht schwer – hören Sie ihr zunächst einmal zu. Versuchen Sie, die Beweggründe für ihren Entschluss zu verstehen.

Sie werden feststellen, dass ihre Entscheidung auf einer tiefen Sehnsucht basiert, die Sie ihr zugestehen sollten.

Wie Sie sehen, kann die Philosophie uns großartige Dienste leisten, selbst bei einer simplen Auseinandersetzung in einer Beziehung. Nicht, indem sie uns Ratschläge erteilt, die ich als Psycho-Gebabbel bezeichne, sondern indem sie uns hilft, die *Wahrheit* in jeder Beziehung zu erkennen.

Der Wunsch, mit etwas abzuschließen, führt überall zu Hass und Gewalt. Wir projizieren auf die Welt und den anderen unsere Sichtweise, die sich aus unseren Vorurteilen, unserer Ungeduld und unserer Verblendung zusammensetzt. Unzählige politische, religiöse und soziale Konflikte lassen sich so erklären. Ebenso wie unsere Unfähigkeit, uns dem Klimawandel zu stellen, der Zerstörung unserer Erde. Wir schaffen es einfach nicht, das Ruder herumzureißen – weil wir einfach immer so weitermachen wie gewohnt.

Meditation über die Ungewissheit

Um damit aufzuhören, müssen wir lernen, mit der Ungewissheit zu leben. Aus ebendiesem Grund brauchen wir neue Formen der Meditation, die uns nicht betäuben und uns beruhigen, bis wir so behäbig sind wie Kröten, sondern uns lehren, mit der Ungewissheit umzugehen.

Sie wissen nicht, wie Sie sich entscheiden sollen … Lassen Sie sich einen Augenblick lang auf dieses Gefühl ein. Verweilen Sie bei Ihrer Unsicherheit.

Nehmen Sie zur Kenntnis, dass Sie eine Entscheidung herbeiführen wollen, nicht weil Sie ein Problem haben, sondern weil Sie die Ungewissheit loswerden wollen. Genau das aber gilt es zu vermeiden. Denn sonst treffen Sie die falsche Entscheidung. Bleiben Sie offen, aufmerksam, wachsam. Und je besser Sie diese Situation aushalten, desto klarer werden Sie Ihre Lage betrachten können. Das ist es, was Intelligenz ausmacht!

Und diese Herangehensweise ist keineswegs unangenehm, obwohl es dem ersten Anschein nach so wirken könnte. Sie ebnet Ihnen vielmehr den Weg zu einer zielführenden, richtigen und folglich glücklichen Entscheidung.

Das Selbstvergessen
wäre der Charakter der
Wirklichkeit.

JOHANN GOTTLIEB FICHTE

Fichte ist einer der beeindruckendsten deutschen Philosophen des ausgehenden 18. Jahrhunderts. Ihn treibt eine große Frage um: Wie kann die Philosophie eine Klippe umschiffen, an der sie zu zerschellen droht: nämlich zu vergessen, dass der Mensch vor allem ein Wesen ist, das in Beziehung steht – mit der Welt, den Dingen, den Mitmenschen.

In diesem Sinne hat Fichte den folgenden Dialog zwischen einem Autor und seinem Leser geschrieben:

»Der Autor: ›Wenn du in dem Lesen dieses Buches, in der Betrachtung dieses Gegenstandes, in dem Gespräche mit deinem Freund begriffen bist; denkst du dann an dein Lesen, dein Betrachten, Hören, Sehen, Fühlen des Gegenstandes, dein Sprechen usw.?‹

Der Leser: ›Keineswegs. Ich denke dann überhaupt gar nicht an mich; ich vergesse mich selbst durchaus im Buch, im Gegenstand, im Gespräch. Darum sagt man auch wohl: ich sei darin begriffen; auch: ich sei darin vertieft.‹«

Fichtes Bemerkungen sind maßgeblich.

Der Beweis dafür, dass Sie in Beziehung zur Wirklichkeit stehen, ist die Tatsache, dass Sie selbst in den Hintergrund rücken. Was zählt, sind nicht etwa Sie.

Von der Erfahrung, ein Glas Wasser zu trinken

Die Meditation über ein Glas Wasser kann Ihnen diese Erfahrung vermitteln und Sie zu einem tieferen Verständnis der Philosophie Fichtes führen.

Sie ist ganz einfach. Nehmen Sie ein Glas Wasser. Trinken Sie es aus. Das war's schon!

Wenn Sie dabei allerdings den Blick ständig auf sich selbst richten, weil Sie genauestens darauf achten wollen, was Sie gerade machen, ist alles umsonst. Ihr ganzes Tun wird geradezu erstickend. Das ist das Prinzip des eingewachsenen Nagels. Je mehr Sie sich um sich selbst drehen, desto stärker bohrt der Nagel sich ins Fleisch und verletzt Sie.

Kennen Sie die Geschichte vom Tausendfüßler und der Schnecke?

Die Schnecke fragt den Tausendfüßler, wie es ihm gelingt, mit so vielen Füßen zu gehen.

Da fängt unser Tausendfüßler an, darüber nachzudenken, mit dem Ergebnis, dass er ständig über seine eigenen Füße stolpert.

Meditation, um sich von der vollkommenen Achtsamkeit zu befreien

Nun stellen Sie sich mein Erstaunen angesichts der Tatsache vor, dass seit ungefähr zehn Jahren die »Achtsamkeitsmeditation« immer mehr Zulauf in Frankreich findet. Unbegreiflich!

Man geht voller Achtsamkeit, isst voller Achtsamkeit, aber das ist die reine Folter. Der absolute Lock-Down.

Mich erstaunt das umso mehr, als die Meditation, die ich vor etwa dreißig Jahren entdeckt habe, mich gelehrt hat, mich von der vollkommenen Achtsamkeit zu befreien – sodass mein Bewusstsein in den Hintergrund tritt. Die Welt, die Dinge, die anderen Wesen gelangen dadurch mit einem Mal in den Vordergrund.

Und ebendiese Verlagerung der Aufmerksamkeit macht uns glücklich: die Selbstvergessenheit.

Eine Hebamme hat mir einmal Folgendes erklärt: »In bestimmten Augenblicken ist meine Arbeit unglaublich stressig. Dann bräuchte ich vier Hände und mehrere Gehirne. Aber wunderbarerweise macht es in diesen Momenten absoluter Dringlichkeit auf einmal klick, und alle Handgriffe laufen einfach weiter. Als würde alles wie von selbst passieren.«

Besser kann man es nicht sagen.

Wir kennen diese Erfahrung letztlich alle. Es gibt Momente, in denen alles wie von selbst läuft, auch wenn wir nicht wissen wie und warum. In denen wir einfach den Eindruck haben, der Situation zu Diensten zu sein. Meiner Ansicht nach liegt darin das wahre Glück.

Nur derjenige, der in
die Unterwelt hinabsteigt,
erlöst die Geliebte.

SØREN KIERKEGAARD

Dieses Zitat des dänischen Philosophen Kierkegaard greift auf einen der schönsten Mythen zurück, den wir im Abendland kennen – die Geschichte von Orpheus.

Dieser junge Mann hat etwas vollbracht, was keinem vor ihm gelungen ist – er ist in die Unterwelt hinabgestiegen, um seine geliebte Eurydike zu suchen, die am Tag ihrer Hochzeit von einer Schlange gebissen wurde. Orpheus hat diese Prüfung dank der Poesie seiner Worte gemeistert, die die Wächter der Unterwelt gerührt hat.

Auch in anderen Kulturen gab es Helden wie Gilgamesch, die in die Welt der Toten hinabgestiegen sind, aber nur um dadurch selbst unsterblich zu werden.

Orpheus aber unternahm diese Reise aus Liebe. Es ist die Liebe, die ihm den Mut und die Energie verleiht, sich mit Leid und Schrecken zu konfrontieren.

In Kierkegaards Augen ist es nicht nur Orpheus, der in die Unterwelt hinabsteigen muss. Wir alle müssen dieses Unterfangen wagen, wenn wir die Schönheit unserer eigenen Menschlichkeit annehmen wollen.

Ihr Kind wird in der Schule gemobbt

Betrachten wir folgendes Beispiel: Ihr Kind wird in der Schule drangsaliert.

Die Vorstellung, man müsste in dieser Situation ruhig bleiben und quasi im Zen verharren, ist absurd und gefährlich.

Je mehr man den Leuten erklärt, dass sie auf eine zengleiche Weise gelassen bleiben sollten, desto unglücklicher macht man sie. Und schlimmer noch: Man entfremdet sie von sich selbst.

Wenn Ihr Sohn Ihnen tränenüberströmt erklärt, dass er nicht mehr in die Schule gehen will, dann sind Sie natürlich aufgebracht. Und bereit, aus Liebe zu ihm in die Hölle hinabzusteigen. Das macht Ihnen kein bisschen Angst, denn Sie wissen ja, dass es darum geht, die Geliebte zu erlösen.

»Die Geliebte« steht hier sinnbildlich für alles, was uns am Herzen liegt – der Mensch, der gedemütigt wird, der leidet, die Menschheit, die von der grenzenlosen Industrialisierung bedroht ist, oder die Erde, die Tag für Tag aus Profitgier zerstört wird. Was mir von diesem Mythos vor allem im Gedächtnis geblieben ist, ist die Tatsache, dass wir nicht in die Hölle hinabsteigen, um dortzubleiben oder zu leiden. Nicht aus Masochismus also. Wir müssen nämlich *durch* die Hölle gehen. Das ist ein Unterschied.

Warum ist dieser Unterschied so wichtig?

Er ist so bedeutend, weil die eigentliche Schwierigkeit, der wir alle begegnen, darin besteht, uns sowohl mit der Hölle auseinanderzusetzen als auch die strahlende Geliebte zu suchen.

Meditation für mehr Mut

Wie sollen wir nun den Mut finden, um eine solche Reise anzutreten?

Es genügt, wenn wir uns unserer Angst stellen. Denn in Wirklichkeit ist es sehr einfach und verändert gleichzeitig alles: Mutig ist nicht derjenige, der keine Angst hat, sondern der Mensch, der das Risiko auf sich nimmt, seiner Angst zu begegnen, mit Schwierigkeiten zu kämpfen oder gar den Boden unter den Füßen zu verlieren.

Feige ist derjenige, der keine Angst haben will. Und weil er keine Angst um seinen Sohn haben will, der in der Schule gemobbt wird, verweigert er ihm seine Hilfe bei seinem Problem.

Mut heißt zu akzeptieren, nackt dazustehen, nichts in der Hand zu haben und sich trotzdem ein Herz zu fassen, um der Wirklichkeit zu begegnen. Nicht gegen sie anzukämpfen.

Statt uns von unserem weichen Herzen abzukoppeln, es mit offenen Armen anzunehmen.

Beweise strapazieren
die Wahrheit nur.

GEORGES BRAQUE

Einer der meiststrapazierten Grundsätze unserer Zeit ist der Glaube, dass nur das wahr ist, was Gegenstand einer Beweisführung ist, die ein oder mehrere Male überprüft wurde.

Daher gibt es insgesamt nur zwei Bereiche, in denen es uns legitim erscheint, von Wahrheit zu sprechen: den Bereich der Wissenschaft und den des Rechts.

Dort suchen Kontrolleure nach Beweisen, um eine Wahrheit zu begründen, die sich analytisch herleiten lässt.

Aber es gibt auch andere Wahrheiten – die nicht in diese Kategorie fallen –, die wir tendenziell vernachlässigen und manchmal sogar leugnen.

Georges Braque, der Maler ist, weiß das nur zu gut. Wenn ein Bild nicht vollständig gelungen ist, muss man es überarbeiten – wenn nötig mehrmals. Und das ohne jede Garantie auf Erfolg. In diesem Bereich irgendwelche Beweise anführen zu wollen ist unmöglich.

Das soll nicht heißen, dass es keine gelungenen Bilder gibt. Jeder Maler spürt sofort, wenn es der Fall ist. Daran orientiert er sich bei seinem Schaffen.

Wie aber sehen die Kriterien für ein solches Bild aus?

Zunächst sind es solche, die der Malerei eigen sind: das Spiel der Farben, die Stimmigkeit der Formen und der Komposition, das Gefühl von Raum, die Materie…

Aber natürlich geht es auch darum, inwieweit ein Werk uns berührt. Ein großes Werk ist ja nicht nur formal gelungen. Es muss uns auch anrühren, vielleicht sogar erschüttern können. In gewisser Weise hilft es uns zu leben.

Was auf die Malerei zutrifft, gilt letztlich für alles, was unsere Existenz betrifft.

Zum Beispiel wenn wir wissen möchten, ob jemand uns liebt. Es gibt für die Antwort auf diese Frage keinen klaren Beweis. Das heißt aber nicht, dass es in der Liebe keine Wahrheit gibt.

Sie sind unglücklich, weil jemand aus Ihrer Familie krank ist

Betrachten wir ein Beispiel. Sie sind gerade traurig, da Ihre Mutter oder Ihr Vater krank ist.

Sie können für Ihr Gefühl biologische, soziale oder religiöse Gründe suchen, doch das wird Sie nicht weiterbringen. Wir alle kennen Menschen, die uns die Ursache ihrer Probleme haarklein auseinandersetzen und trotzdem darin feststecken, statt sie zu überwinden.

Verabschieden Sie sich von dieser Perspektive. Gründe für Ihre Probleme zu suchen hilft Ihnen nicht weiter. Ganz im Gegenteil.

Versuchen Sie lieber wahrzunehmen, dass Ihr Kummer real ist. Zum Beispiel Ihr Kummer angesichts der Krankheit Ihres Vaters.

Sie werden erkennen, dass wir nicht jede leidvolle Empfindung sofort loswerden müssen. Und manchmal einfach ehrlich zur Kenntnis nehmen sollten, was uns widerfährt.

Es ist befreiend zu wissen, dass es die Wahrheit unserer Gefühle, unserer persönlichen Erfahrungen gibt.

Meditation zur Begegnung mit einem Gefühl

Im Reich unserer Gefühle, das unser persönlichster, tiefgründigster und bedeutsamster Ort ist, können Beweise die Wahrheit nur strapazieren. Hier müssen wir auf das vertrauen, was wir empfinden.

So wie wir lernen können, ein Kunstwerk zu betrachten oder ein Musikstück zu hören, können wir auch lernen zu erkennen, ob ein Gefühl sich stimmig anfühlt.

Wir können es vertiefen... erkunden, welche Qualität es hat, wie authentisch es ist.

Die Dimension der Wahrheit, von der Braque spricht, ist nicht die der Beweise und Belege. Und doch ist es eine Wahrheit, die unser ganzes Dasein umfasst.

Georges Braque hat wirklich recht, wenn er sagt: »Beweise strapazieren die Wahrheit nur.«

Von diesem Rauch dort und
der Brandungswelle dränge
hinweg das Schiff.

ARISTOTELES

Aristoteles zitiert diesen Satz Homers, um zu veranschaulichen, welche Bedeutung er der Ethik beimisst, deren genialster Denker er ist.

Bei der Ethik geht es nicht, wie wir das heute meist glauben, darum, Regeln oder Gebote zu befolgen. Sie kommt vielmehr der Kunst der Navigation gleich. Diese Kunst besteht darin, zwei Extreme zu vermeiden – die Brandung und den Nebel –, um beim Bild der Schifffahrt zu bleiben. Wir müssen herausfinden, wie wir uns vorwärtsbewegen können, manchmal nach rechts, manchmal nach links haltend, um Wind und Strömung bestmöglich zu nutzen.

Wie aber sagen wir Nein, ohne feige oder aggressiv zu sein?

Sagen wir in einer bestimmten Situation zu viel oder nicht genug?

Als Student war mir dieser Ansatz viel zu lau. Von der Philosophie erwartete ich mir etwas viel Spannenderes.

Heute erkenne ich das Heldentum, das darin besteht, bei allem das richtige Maß zu suchen, viel besser.

Weil ich besser verstehe, dass rechtes Handeln nichts damit zu tun hat, eine Art Mittelwert aus zwei Extremen zu bilden, so wie man zum Beispiel lauwarmes Wasser bekommt, wenn man heißes und kaltes Wasser zusammenschüttet. Nein, das Gleichgewicht entsteht in schwindelnden Höhen, wie bei einem Seiltänzer, dessen Artistik uns den Atem raubt, oder wie bei einem Arzt, der unter Berücksichtigung aller Details und nach genauem Abwägen eine Diagnose stellt.

Nachdem ich mittlerweile einige Schwierigkeiten und Krisen durchlebt habe, ist mir klarer, warum dieser Ansatz so bedeutsam ist.

Wir müssen einem Freund eine schwierige Nachricht überbringen

Wir müssen einem Freund eine schwierige Nachricht überbringen.

Das macht uns Bauchschmerzen, denn wir haben Angst, ihn zu verletzen, und wissen nicht, wie wir es am besten anstellen. Wir würden nur zu gerne wissen, was wir tun sollen. Am liebsten hätten wir eine Gebrauchsanleitung.

Wir haben jedoch keine. Und die Situation ist heikel.

Wir müssen also das akzeptieren, was Aristoteles Kontingenz nennt – die Welt ist nicht vorprogrammiert. Oder um es flapsiger auszudrücken: *Shit happens*. Das ist schmerzlich. Aber wir müssen es akzeptieren. Und das ist schon ein erster Schritt.

Zu glauben, alles müsse stets angenehm sein, macht uns paradoxerweise nur unglücklich.

Und vor allem ohnmächtig.

Leben bedeutet, Entscheidungen zu fällen – das heißt, mitunter durch hochschlagende Wellen hindurchzusteuern. Da die Welt nicht vollkommen ist, ist es an uns, sie zu vervollkommnen. Zu versuchen, unser Bestes zu tun.

In Wirklichkeit können wir nie sicher wissen, ob unser Verhalten ideal war. Aber das ist nicht das Problem. Leben heißt nicht, Gleichungen zu lösen.

Meditation über die Kunst des Navigierens

Okay. Aber was sollen wir nun konkret tun?

Das Geheimnis liegt darin, überaus aufmerksam mit der Situation umzugehen.

Wann wäre der beste Moment, um mit dem Freund zu sprechen?

Und wie stellen wir es am besten an?

Sollen wir es alleine machen oder in Begleitung eines anderen Menschen?

Wenn wir uns all diese Fragen stellen, werden

wir herausfinden, wie wir unser Schiff am besten durch die Situation hindurchsteuern.

Aristoteles erlöst uns von der Opposition zwischen Gut und Böse, indem er für eine Ausgewogenheit plädiert, die Extreme vermeidet. So lehrt er uns Flexibilität und Agilität.

Die Liebe stirbt nie eines
natürlichen Todes. Sie stirbt,
weil wir es nicht verstehen,
ihre Quelle zu speisen.

ANAÏS NIN

Von der wunderbaren und geheimnisvollen Kunst des Liebens

Angeblich gibt es für die Liebe ein vorprogrammiertes Verfallsdatum, weil sie sich, so heißt es, abnutze an zu viel Gewohnheit. Die Intensität in der Liebe sei kurzlebig. Daran müsse man sich gewöhnen.

In den Augen von Anaïs Nin, dieser faszinierenden Frau, die sowohl mit Artaud als auch mit Henri Miller befreundet war, ist diese Vorstellung vollkommen falsch. Um es ganz einfach zu sagen: Die Liebe ist kein unmittelbares und wechselseitiges Vergnügen. Und es ist falsch, sie nur mit Genuss gleichzusetzen.

Aus diesem Grund haben wir es zu einem Akt der Klugheit und Weisheit hochstilisiert, der Liebe zu entsagen. Was genauso unsinnig ist. In Wirklichkeit beruht diese nach wie vor dominante Sichtweise auf derselben Illusion wie die Fantasien von Teenagern, wenn sie glauben, die Liebe sei ein angenehmes kleines Vergnügen.

Aber das ist eine falsche Vorstellung.

Die Liebe ist eine Herausforderung, eine schwierige Herausforderung, eine Arbeit, die unser ganzes Dasein umfasst.

Und es ist diese Arbeit, die uns zutiefst glücklich macht.

Sie erleben eine schwierige Situation mit einem geliebten Menschen, sei es Ihr Kind, Ihr Partner oder ein Elternteil

Denken Sie an jemanden, den Sie lieben und bei dem Sie das Gefühl haben, dass irgendetwas Ihre Beziehung blockiert, behindert, angespannt macht. Ob das nun Ihr Kind ist, Ihr Partner oder ein Elternteil.

Statt zu jammern oder Ressentiments zu hegen, ist es an der Zeit, dass Sie lernen zu lieben. Das behagt Ihnen nicht, weil Sie diese Arbeit als freiwillige Bemühung sehen. Und weil Sie nur allzu gut wissen, dass man sich zur Liebe nicht zwingen kann.

Aber seien Sie versichert, darum geht es mir nicht. Was also soll das heißen: an der Liebe zu arbeiten?

Es bedeutet, nicht aufzuhören, offen zu bleiben, auf eine angemessene Weise.

Eine Mutter muss daran arbeiten, ihr Kind zu lieben. Wir müssen uns von der Vorstellung verabschieden, eine Mutter liebe ihr Kind stets auf eine perfekte Weise und vom Moment seiner Geburt an. Damit reden wir ihr nur Schuldgefühle ein. Tatsächlich muss sie, wie Anaïs Nin das nennt, lernen, die Quelle zu speisen.

Wie gelingt ihr das?

Hier ist das Bild der Quelle wirklich erhellend. Eine Quelle ist kein unbewegtes, stehendes Gewässer. Eine Quelle bricht hervor und verströmt sich, ohne etwas zu fordern, ohne vorher wissen zu wollen, ob wir bereit sind, all das Wasser aufzunehmen. Andererseits ist sie auch nicht wie ein Bankkonto, über das wir ganz nach Belieben verfügen können. Sie will, dass wir uns für sie öffnen.

Meditation, um sich berühren zu lassen

Es gibt die Kunst zu lieben. Diese Kunst können wir erlernen, indem wir uns in der Meditation dafür öffnen, uns berühren zu lassen. Das ist nicht leicht, weil wir ständig das Gegenteil anstreben. Wir versuchen, die Oberhand zu behalten, die Kontrolle nicht zu verlieren und dabei möglichst gleichmütig zu bleiben.

Versuchen Sie es dennoch. Denken Sie an Ihr Kind, an Ihren Partner. Lassen Sie sich von ihm berühren. Egal, ob der andere Sie bewegt oder Sie sich über ihn aufregen. Darauf kommt es nicht an.

Das ist schon alles.

Was zählt, ist die Begegnung mit Ihrer eigenen Weichheit und Verletzlichkeit. Denn nur an diesem Punkt werden Sie die Quelle Ihrer Liebe nähren.

»DAS IST BELEBEND UND MACHT NEUGIERIG«

PSYCHOLOGIE HEUTE

Fabrice Midal

**Die innere Ruhe
KANN MICH MAL**

Meditation radikal anders

dtv

Fabrice Midal

Liebe dich selbst
und die anderen
werden dich
gernhaben

Eine Einladung zum
Glücklichsein

dtv
premium

ALLE LIEFERBAREN TITEL, INFORMATIONEN UND SPECIALS
FINDEN SIE ONLINE

Auch als eBook   www.dtv.de   dtv